ECHO ECHO ECHO ECHO ECHO ECHO ECHO ECHO ECHO

Klaus Merkle VER(UN)SICHERN

ZU DIESEM BUCH Versicherungen sind eine Ware, die jeder braucht und nicht selten viel zu teuer bezahlt: durchnittlich 4 000 DM gibt jeder erwerbstätige Bundesbürger für private Vorsorge aus. Die Macht der Versicherungsbranche – vom Gesetzgeber in einzigartiger Weise privilegiert – ist denn auch ebenso sprichwörtlich wie die List ihrer Vertreter.

Der Autor dieses Buchs, ein gelernter Betriebswirt, bringt Übersicht und gesunden Menschenverstand in einen Dschungel aus juristisch Verklausuliertem und Reklame, er zeigt auf, was Versicherungen wirklich leisten und was sie kosten, er nennt Namen und Preise – Preise die oft erstaunlich weit auseinanderklaffen. Der Verbraucher erfährt, worauf er vor Abschluß eines Vertrags achten muß und welche Rechte und Möglichkeiten er hat, seine Interessen gegen Versicherungen durchzusetzen: Ein praktisches Handbuch, das jenes Risiko, das dem Konsumenten aus Versicherungen erwächst, begrenzt und kalkulierbar macht.

ECHO

Klaus Merkle

VER(UN)SICHERN

Alles über (un)nötige, private Vorsorge/Präziser Rat zur höchst ertragreichen Tat

Haftpflicht/Unfall/Auto
Reise/Hausrat/Rechtsschutz
Berufsunfähigkeits-/Lebens-
Kranken-Versicherungen

GRENO 10 20

Erläuterung der Symbole:

Achtung mögliche Versicherungsfallen und faule Vertretertricks!

Hier können Kosten eingespart werden ... durch anwendbare Tips und konkrete Hinweise!

Ein Licht geht auf ... hilfreicher Rat zur gewinnbringenden Tat!

ECHO-Sachbuch. Erste Auflage, September 1988.

Diese Taschenbuchausgabe basiert auf der
2. überarbeiteten Auflage vom September 1987.
Satz: data comp fotosatz, Stuttgart.
Druck: Ebner Ulm
 ISBN 3-89190-703-6.

Inhalt

Vorwort ... 7

Übersicht der Versicherungsbedingungen ... 9
Das Rechenexempel nicht nur für Pfennigfuchser ... 11
Fast perfekte Tricks der Versicherungen ... 13
Kein Problem – wenn man all dies weiß ... 17
So kommt man aus dem ungeliebten Vertrag heraus ... 20
Sogar die Rechts- und Vertriebsform ist entscheidungswichtig ... 22
So bieten Sie dem Versicherungs-Vertreter die Stirn ... 25
Steuerersparnis durch Versicherungen ? ... 29
Gegen Versicherungs-Willkür gibt es Hilfe ... 31
Der besondere Test ... 34

Private Haftpflicht-Versicherung ... 35
Versicherungssummen und Beitragsvergleich ... 35
Versicherungsbestand und Kündigung ... 36
Besondere Hinweise und Tips ... 37
Tierhalter-Haftpflichtversicherung ... 38
Haus- und Grundstücksbesitzer-Haftpflichtversicherung ... 39
Öltank-Haftpflichtversicherung ... 40
Wassersport-Fahrzeug-Haftpflichtversicherung ... 40

Private Unfall-Versicherungen ... 42
Versicherungssummen und Beitragsvergleich ... 42
Versicherungsbestand und Kündigung ... 46
Besondere Hinweise und Tips ... 47

Kraftfahrzeug-Versicherungen ... 49
Versicherungssummen und Beitragsvergleich ... 50
Versicherungsbestand und Kündigung ... 51
Besondere Hinweise und Tips ... 55

Hausrat- und Wertsachen-Versicherungen ... 57
Versicherungssummen und Beitragsvergleich ... 58
Versicherungsbestand und Kündigung ... 61
Besondere Hinweise und Tips ... 63

Wohngebäude-Feuerversicherungen ... 65
Versicherungsumfang und Beitragsvergleich ... 65
Versicherungsbestand und Kündigung ... 67
Besondere Hinweise und Tips ... 67

Rechtschutz-Versicherungen ... 68
Versicherungssummen und Beitragsvergleich ... 69
Versicherungsbestand und Kündigung ... 71
Besondere Hinweise und Tips ... 73

Private Kranken-Vollkosten-Versicherung 75
Versicherungsumfang und Beitragsvergleich 78
Versicherungsbestand und Kündigung 84
Besondere Hinweise und Tips 85
Private ambulante Heilbehandlung-Zusatz-Versicherung 87
Private Krankenhaus-Zusatz-Versicherung 87
Private Krankenhaus-Tagegeld-Versicherung 89

Risiko-Lebens-Versicherung 90
Versicherungssummen und Beitragsvergleich 90
Versicherungsbestand und Kündigung 94
Besondere Hinweise und Tips 94

Berufsunfähigkeits-Versicherung (BUV) 96
Versicherungssummen und Beitragsvergleich 97
Versicherungsbestand und Kündigung 99
Besondere Hinweise und Tips 99

Kapital-Lebens-Versicherungen 101
Versicherungsumfang und Beitragsvergleich 102
Versicherungsbestand und Kündigung 108
Vermögensbildende Lebensversicherung 112
Ausbildung- und Aussteuer-Versicherungen 114
Direktversicherung durch Gehaltsumwandlung 115
Private Rentenversicherung 117
Besondere Hinweise und Tips 118

Reise-Versicherungen 120
Reiserücktritts-Versicherung 120
Reisegepäck-Versicherung 121
Reisehaftpflicht-Versicherung 123
Reiseunfall-Versicherung 123
Reisekranken-Versicherung 123
Reise-Versicherungspakete 125

Reise-KFZ-Versicherungen 125
Kurzzeit-KFZ-Vollkaskoversicherung 126
KFZ-Haftpflichtversicherung für Mietwagen 127
Ausland-Verkehrs-Rechtschutzversicherung 127
Verkehrsservice-Versicherung 127
Reise-KFZ-Unfallversicherung 129

Adressenverzeichnis 130

Persönliche Schlußbemerkung 141

Vorwort:

Versicherungen sind für die meisten Bundesbürger ein Buch mit sieben Siegeln. Verbrauchernahe Informationen sind höchst selten. Dagegen gibt es zu diesem Thema eine Vielzahl einseitiger und verkaufsorientierter Aufklärung. Im Grundsatz lautet sie: Lieb und teuer soll Dir die Sicherheit sein!

Die Idee für dieses Buch entstand, als Versicherungsnehmer den eigenen Bestand gründlich auszumisten. Die enormen Einsparmöglichkeiten ließen die Erkenntnis reifen, daß dies für viele interessant sein könnte. Damit das Vorhaben in die Tat umgesetzt werden konnte, mußte zunächst der Versicherungsdschungel mit umfangreicher Fachliteratur und Marktuntersuchungen gründlich durchforstet werden (siehe auch "Persönliche Schlußbemerkung").

Der Ratgeber "Ver(un)sichern" wurde völlig unabhängig erstellt. Einflußnahmen mit Geld- oder Provisionszusagen sind nicht erfolgt. Die Auswahl der genannten günstigen Versicherungsunternehmen und deren Tarife wurde absolut wertfrei nach sorgfältiger Auswertung fundierter Testergebnisse vorgenommen. Die bei Preisvergleichen nicht vermerkten teureren Versicherungs-Gesellschaften sind in aller Regel überregionale, bekannte, große Konzerne, die meist mit kostspieligem Außendienst arbeiten; oder diverse Regional- bzw. Spezial-Versicherungen.

Alle Empfehlungen und Argumente sollen den Versicherungsnehmern helfen, ohne großen Aufwand besser versichert zu sein, und weniger dafür zu bezahlen. Es werden Wege aufgezeigt, wie frühere Fehlentscheidungen sich gezielt beheben lassen; und wie man sich im Schadensfall gegen Willkür wehren kann. Wegen der Übersichtlichkeit wurden bewußt nur die wesentlichen Angaben und Fakten herausgestellt, die zur Ermittlung einer optimalen, preisbewußten Absicherung nötig sind. Über die Preis- und Namensnennungen kann jeder selbst die Sparmöglichkeiten herausfiltern, um daraus seine Vorteile abzuleiten.

Es ist nicht beabsichtigt, den Außendienst der Versicherungsgesellschaften "in die Pfanne zu hauen". Aber die Vielzahl der unsauberen Tricks und skrupellosen Techniken, mit denen häufig gearbeitet wird, sollen Gegeninformationen dem Verbraucher geben. Natürlich gibt es Vertreter, die im Rahmen ihrer - leider meist bescheidenen - Möglichkeiten versuchen, Kunden seriös und fachkundig zu beraten. Vielmehr geht es um die Art der Informationspolitik und dem von oben gesteuerten Kundenfang für eine im guten Glauben gekaufte "Ware".

Testergebnisse und Kritik anerkannter Fachzeitschriften verleitet die Branche dazu, die Beurteilungen als praxisfremd und hypothetisch einzustufen.

Allerdings nur, wenn das eigene Unternehmen schlechter abschneidet als gewünscht. Andererseits werden die gleichen Publikationen genutzt, um positive Abschnitte werblich auszuschlachten.

Der Ratgeber hat seinen Zweck erfüllt, wenn der Leser beim schrittweisen Vorgehen erkennt, daß aus berechtigter Vorsorge eine kritische Angebotsauswahl vonnöten ist. Daß keine Gesellschaft mehr "Sicherheit" als eine andere bietet, und daß diese vage Annahme auf Dauer sehr teuer zu stehen kommt. Daß mit den für Versicherungen aufgebrachten Geldmitteln in Wirklichkeit oft nicht einmal die Hälfte für Versicherungsleistungen gebraucht werden. Daß es sich mit Geldern von anderen vortrefflich für den eigenen Nutzen arbeiten läßt. Der Ratgeber lohnt sich allemal für die, die tätig werden und das Beste selbst aus dem eingesparten Geld machen.

Herzlichen Dank sei allen gesagt, die durch positive Anregungen, fachliche und konstruktive Kritik mich beim Entstehen dieses Buches unterstützten. Bedanken möchte ich mich auch für die Vorschläge von Lesern der ersten Auflage. Mit der erweiterten Neuauflage wurden zahlreiche Verbesserungen mitberücksichtigt. Für zukünftige Auflagen sind gut gemeinte Ratschläge willkommen !

Stuttgart, im September 1987 Klaus Merkle

Übersicht der Versicherungsbedingungen und Gesetze: *

ABRV	Allgemeine Bedingungen für die Reise-Rücktrittskostenversicherung
AEB	Allgemeine Einbruchdiebstahlversicherungsbedingungen
AERB	Allgemeine Bedingungen für die Versicherung gegen Einbruchdiebstahl und Raub
AFB	Allgemeine Feuerversicherungsbedingungen
AFVB	Allgemeine Bedingungen für die Fahrradverkehrsversicherung
AGIB	Allgemeine Versicherungsbedingungen für Glasversicherung
AHB	Allgemeine Versicherungsbedingungen für die Haftpflichtversicherung
AKB	Allgemeine Bedingungen für die Kraftverkehrsversicherung
ALB	Allgemeine Versicherungsbedingungen der Kapitalversicherung auf den Todesfall
ALB n.F.	Musterbedingungen für die Großlebensversicherung
ARB	Allgemeine Bedingungen für die Rechtschutzversicherung
AStB	Allgemeine Bedingungen für die Versicherung gegen Sturmschäden
AUB	Allgemeine Unfallversicherungsbedingungen
AVB	Allgemeine Versicherungsbedingungen
AVBR	Allgemeine Bedingungen für die Versicherung von Reisegepäck
AVBSP	Allgemeine Bedingungen für die Versicherung von Juwelen, Schmuck- und Pelzsachen im Privatbesitz
AVP	Allgemeine Bedingungen für die Versicherung von Pferden und anderen Einhufern
AVK	Allgemeine Versicherungsbedingungen der privaten Krankenversicherung
AWB	Allgemeine Bedingungen für die Versicherung gegen Leitungswasserschäden
MBKK	Allgemeine Versicherungsbedingungen für die Krankheitskosten- und Krankenhaustagegeldversicherung (Musterbedingungen)
NEGB	Allgemeine Bedingungen für die Neuwertversicherung der Elektro- und Gasgeräte des Haushalts

* Das „Kleingedruckte“ wird seit einigen Jahren größer gedruckt, muß also - zum mindesten von der Schrift her - gut lesbar sein.

VAG	Gesetz über die Beaufsichtigung der privaten Versicherungsunternehmen und Bausparkassen (Versicherungsaufsichtsgesetz)
VGB	Allgemeine Bedingungen für die Neuwertversicherung von Wohngebäuden gegen Feuer-, Leitungswasser- und Sturmschäden
VHB	Allgemeine Bedingungen für die Neuwertversicherung des Hausrats gegen Feuer-, Einbruchdiebstahl-, Beraubungs-, Leitungswasser-, Sturm- und Glasbruchschäden
VVG	Gesetz über den Versicherungsvertrag

Rechtsgrundlage von Versicherungsverträgen ist die AVB und die speziellen Bedingungen der einzelnen Sparten, mit Sonder- und Zusatzbedingungen. Übergeordnet sind das VVG und das VAG, sowie das Bürgerliche Gesetzbuch (BGB) und das Handelsgesetzbuch (HGB).

Das Rechenexempel nicht nur für Pfennigfuchser:

Zunächst ein realistischer Preisvergleich der Jahresprämien aus fünf Versicherungsbereichen! Jeweils mit vergleichbaren Versicherungsleistungen ergibt bei Unternehmen, über die sich jedermann versichern kann, ein **Preisgefälle von über 870 Mark**

zwischen **A. den Marktführern**
und **B. den Preisgünstigen**

		A	B
Haftpflicht	**1 Mio Mark pauschal**	**117**	**62**
Unfall A/Progr.	**0,3 Mio Mark Invalid.**	**666**	**303**
KFZ, Basispreis	**Haftpflicht/Teilkasko**	**1.260**	**1.000**
Hausrat	**80.000 Mark mit 80 qm**	**252**	**168**
Rechtschutz	**Verkehr/Familie**	**321**	**205**
		2.616	**1.738**

Die Differenz des Preisvergleichs steigt auf mehr als **1.000 Mark** (bei derselben Leistung) zwischen dem preisbewußten Versicherungskunden und dem Versicherungsnehmer, der - vielleicht rein zufällig - bei den ganz teuren Gesellschaften abgeschlossen hat.

Auf über **1.300 Mark** Unterschied kommt im Vergleich der Versicherungskonsument, der sich mit Gürtel und Hosenträger durch zusätzliche "Extras" zu den Grundversicherungen (ohne wirksame Leistungsverbesserungen) absichert.

Grundsätzlich spart jeder auf Dauer ein halbes Vermögen, wer Versicherungen - wegen der Beiträge - nur als "notwendiges Übel" betrachtet. Also kostenbewußt die sogenannten **Großschäden** richtig abdeckt.

Besonders mißlich, weil nachhaltig, ist die falsche Wahl in Sparten, in denen das Eintrittsalter eine Rolle spielt, wie bei Kranken- und Lebensversicherungen. Hier kann eine unüberlegte Unterschrift meist nur mit hohen Geldeinbußen korrigiert werden.

Wegen des Wiederholungseffektes wirken sich Fehlentscheidungen bei Versicherungen enorm aus. **Jede gesparte Mark, die im voraus bezahlt** wird, ergibt auf Jahre gerechnet, hohe Endbeträge. Deshalb zur Übersicht die **Zinses-Zins-Tabellen von 1,-- Mark: ***

1. **Einmalige** Zahlung x Zins in Prozent = Jahresendbetrag:

Jahre	4 %	5 %	6 %	7 %	8 %	9 %	10 %
3	1,12	1,16	1,19	1,23	1,26	1,30	1,33
5	1,22	1,28	1,34	1,40	1,47	1,54	1,61
7	1,32	1,41	1,50	1,61	1,71	1,83	1,95
10	**1,48**	**1,63**	**1,79**	**1,97**	**2,16**	**2,37**	**2,59**
12	1,60	1,80	2,01	2,25	2,52	2,81	3,14
15	1,80	2,08	2,40	2,76	3,17	3,64	4,18
20	**2,19**	**2,65**	**3,21**	**3,87**	**4,66**	**5,60**	**6,73**
25	2,67	3,39	4,29	5,43	6,85	8,62	10,83
30	3,24	4,32	5,74	7,61	10,06	13,27	17,45

2. **Monatliche** Zahlung x Zins in Prozent = Jahresendbetrag:

3	38,27	38,85	39,44	40,04	40,63	41,23	41,84
5	66,40	68,10	69,84	71,63	73,41	75,27	77,17
7	96,83	100,35	104,00	107,78	111,56	115,72	119,92
10	**147,19**	**155,02**	**163,31**	**172,08**	**181,28**	**191,09**	**201,46**
12	184,22	196,18	209,02	222,80	237,48	253,32	270,31
15	245,49	265,96	288,39	312,98	339,78	369,28	401,62
20	**365,08**	**407,54**	**455,77**	**510,60**	**572,66**	**643,46**	**723,99**
25	510,58	588,24	679,77	787,77	914,84	1065,31	1243,16
30	687,60	818,86	979,53	1176,51	1417,61	1714,38	2079,29

3. **Jährliche** Zahlung x Zins in Prozent = Jahresendbetrag:

3	3,25	3,31	3,37	3,44	3,51	3,57	3,64
5	5,63	5,80	5,98	6,15	6,34	6,52	6,72
7	8,21	8,55	8,90	9,26	9,64	10,03	10,44
10	**12,49**	**13,21**	**13,97**	**14,78**	**15,65**	**16,56**	**17,53**
12	15,63	16,71	17,88	19,14	20,50	21,95	23,52
15	20,82	22,66	24,67	26,89	29,32	32,00	34,95
20	**30,97**	**34,72**	**38,99**	**43,87**	**49,42**	**55,76**	**63,00**
25	43,31	50,11	58,16	67,68	78,95	92,32	108,18
30	58,33	69,76	83,80	101,07	122,35	148,58	180,94

* Mit den Zinses-Zins-Tabellen lassen sich auch die Renditen der Kapital-Lebensversicherung ermitteln. Die eingezahlten Prämien müssen jedoch konstant sein (keine Dynamik).

Fast perfekte Tricks der Versicherungen:

Jeder hat das Bedürfnis, sich gegen die Gefahren und Risiken des Lebens abzusichern. Das Sicherheitsstreben gegen Schäden, finanzielle Verluste und Vorsorge für das Alter wäre unbegrenzt, wenn die Beitragszahlungen nicht wären.

Die Ware Versicherung besteht zunächst nur aus einem **Stück bedruckten Papiers.** Der Kunde zahlt sein bares **Geld im voraus,** ohne daß sicher ist, jemals einen Gegenwert zu erhalten.

Trotz Prämienzahlungen und fehlendem Kauferlebnis haben es die Versicherungsgesellschaften geschafft: Pro Kopf der Bevölkerung liegen durchschnittlich 6 Versicherungsverträge in den Schubladen der Versicherten. Für das unsichtbare Produkt gibt jeder Erwerbstätige im Schnitt **jährlich 4.000 Mark** aus ! Ohne die gesetzlichen Sozialbeiträge, nur für die private Vorsorge.

Daß Versicherungen nicht gerade am Hungertuch nagen, wird jedem aufmerksamen Großstadtbesucher bewußt, wenn er die Versicherungspaläste sieht. Doch die Prunkbauten der Konzerne sind nur die Eisbergspitzen eines schier unermeßlichen Reichtums. Zu diesem Wohlstand tragen die Prämieneinnahmen für Risikoabsicherungen und Altersvorsorge bei, die sich Jahr für Jahr auf mehr als 100 Milliarden Mark addieren, davon etwa **75% aus dem Geschäft mit dem kleinen Mann.** Das wahre Vermögen aller Versicherungskonzerne schätzen Experten auf die unvorstellbare Summe von 600 Milliarden Mark.

Natürlich müssen von den Prämienzahlungen auch Schadensfälle beglichen werden. Doch das sind gewissermaßen kleine Fische. Die staatliche Versicherungsaufsicht schreibt praktisch die Kalkulation und somit den Gewinn vor, damit die Verträge gesichert und jederzeit erfüllbar sind. Das **Geschäft** mit dem Risiko ist, insgesamt betrachtet, eigentlich **gar nicht riskant.** Zumal sich die Versicherer über Rückversicherer noch zusätzlich schützen, und dies wird natürlich mit den Prämien automatisch mitbezahlt. Es wird sogar von Kritikern des Gewerbes eine gut sortierte Versicherungspalette mit einer Lizenz zum Gelddrucken gleichgesetzt.

Auch ist das Versicherungsamt für das zukünftige Wohlergehen der Versicherungen besorgt. In vielen Tarifen sind **Beitragsanpassungsklauseln** verankert. Die Gesellschaften dürfen also regelmäßig und automatisch ihren Kunden höhere Beiträge bescheren. Das unternehmerische Risiko wird voll vom Verbraucher über die variablen Prämien getragen, ohne daß er sich wirksam wehren kann. Reichen in manchen Teilbereichen die Prämienerhöhungen nicht aus, dann werden die Bedingungen verschärft und

Risiken mit häufigen Schäden ausgeklammert. So geschehen in den neuen Hausratbedingungen. Für solche Änderungen wird oft zuvor über Pressemitteilungen eine Stimmung erzeugt wegen des angeblich so beliebten Volkssports mit dem Namen Versicherungsbetrug.

Der Großteil aller Versicherungspolicen wird über Vertreter verkauft. Flotte Werbesprüche in Funk und Fernsehen locken zu einem "Pakt mit dem Glück", der vorzugsweise über den Außendienst als Glücksbringer erfolgen soll. Die Versicherungen haben den Bundesbürger gut im Griff. Um Zugangswege zum Bürger zu eröffnen, werden perfekte Strategien entwickelt. Ob Geburt, Heirat, Autokauf, Umzug, ja sogar Todesfälle sind Anlaß für Kontakte. Getarnt als Jugendberater, Behördenvertreter oder Beauftragte von Verbänden stehen manchmal die Vertreter auf der Matte.

Progressive Verkaufsorganisationen rekrutieren meist junge Einsteiger, die mit Traumangeboten in Zeitungen geködert werden. Dabei steht bei den nur auf Verkauf getrimmten Nachwuchskräften die versprochene "schnelle Mark" als Motiv. Mit allen nur denkbaren, psychologisch aufbereiteten Taktiken und Tricks ausgestattet, wird der Umschüler auf Kundenfang losgeschickt. Besonders im Visier sind die verantwortungsbewußten, auf Alterssicherung bedachten Kunden zur Vermittlung von Lebensversicherungs-Policen.

Am einfachsten knüpfen sich jedoch Verbindungen über Freunde, Verwandte, Arbeits- und Sportkollegen. Deshalb werden auch ständig neue Mitarbeiter, als Zuträger, angeworben, die ihr Umfeld mit guten Empfehlungen "abgrasen" sollen. In keiner anderen Branche wurde der Markt so systematisch mit zwischenmenschlichen Beziehungen erschlossen. Wer hat oder kennt nicht einen "Versicherungsmenschen", der seine Vermittlungsdienste vermeintlich ganz selbstlos anbietet ?

So avisiert, fällt es dem erfahrenen Spezialisten leicht, mit einstudiertem Telefonkontaktgespräch den sehr wichtigen "Beratungstermin" zu verabreden, der sich dann etwa so abspielen kann:

Pünktlich erscheint der Besucher (oft gemeinsam mit dem Kuppler) und überrascht den uninformierten, aber neugierigen Interessenten mit Komplimenten. Gemeinsame private Hobbies und Neigungen schaffen schnell eine gute Atmosphäre. Die bedeutende Gesellschaft, für die man arbeitet, wird so nebenbei als äußerst solide und kulant vorgestellt. Der Vorschlag, unverbindlich nach dem Rechten zu sehen und Ordnung zu schaffen, wird gerne angenommen.

Vorsichtig werden die finanziellen und persönlichen Verhältnisse erforscht, sowie vorhandene Versicherungen angesprochen und etwas gerechnet. Der wortgewandte Mann aus der Nachbarschaft versteht es großartig, mit drastischen Beispielen seinem Zuhörer aufzuzeigen, wie gefahrvoll er bisher, samt Familie, lebte.

Aber es ist natürlich kein Problem, die vorhandenen Lücken des Risikos abzudecken ! Dafür gibt es ein **einzigartiges Rundumangebot, gespickt mit mehreren Bonbons.** Dazu noch die "Sicherheit" eines langfristigen Vertrages, ausgestattet mit **Dynamik.** Außerdem wird beste Betreuung und großzügige Schadensregelung zugesichert. Selbstverständlich immer ansprechbar - auch privat - also ganz von Mensch zu Mensch, ohne Verwaltung und so !

Wer kann einem so „günstigen" Angebot widerstehen ?

Einwände werden geschickt ausgeräumt, mit Hinweisen auf kleine tragbare Monatsprämien und günstigen Schutz nur für das Nötigste. Auch die Bitte um Vertrauen, denn schließlich hätte man ja auch einen gemeinsamen Bekannten. Jetzt sind die Angaben für den vorbereiteten Versicherungsantrag und die Unterschrift nur noch Formsache. Ja, der neue Freund ist sogar so entgegenkommend, und stellt seinen Kundenservice gleich unter Beweis, indem er für eine bestehende "wirklich miese" Versicherung den Weg zur frühzeitigen Aufkündigung findet.

Alle sind zufrieden ! Der Kunde glaubt an eine vorteilhafte Absicherung. Unser Spezialist erhält seine Abschluß- und Folgeprovisionen, und der gemeinsame Kumpan darf später die Hand aufhalten. Ob der Kunde wirklich gut beraten war, den Abschluß zu tätigen, wird er in aller Regel nicht kontrollieren. Der **Vertrag verschwindet im Aktenordner.** Nur regelmäßige Beitragszahlungen erinnern an die Police. Ob der Versicherte Geld spart oder verschwendet, ist abhängig von der Gesellschaft, an die er geraten ist. Vor allem aber von dem Einfluß des Vertreters.

Wenn bei der Beratung nur dessen eigene Interessen und die Vorgaben seines Unternehmens im Vordergrund standen, kann der Laie leicht eine falsche, weil überflüssige, Versicherung abgeschlossen haben. Diese vielleicht noch mit einer zu hohen Versicherungssumme. Die Devise: "Erst verunsichern, dann versichern" funktioniert allzu oft. Eigentlich fast immer !

"Ich verlasse mich da ganz auf meinen Freund. Ich zahle und hoffe, daß ich richtig versichert bin". **Zitat eines ehemaligen Bundesfinanzministers** über seine private Vorsorge, und das **als höchste Aufsichtsperson** über das Versicherungswesen.

Der Taktik des Versicherungsvertriebes kommt oft das Desinteresse des Bürgers entgegen. Durch das gleichgültige Verhalten begeben sich viele hilflos in die Arme der Versicherungsvertreter. Gewitzte Vermittler werden zunächst versuchen, eine Vertrauensbasis zu schaffen. Die Kunst dabei ist, daß alles glaubwürdig und überzeugend präsentiert wird. **Entscheiden sollen nicht rationale Überlegungen, sondern in erster Linie Sympathien und Gefühle.**

Daß Versicherungen in der Öffentlichkeit nicht beliebt sind, liegt wesentlich am Informations- und Vertriebssystem. Die Vision von einer Gefahrengemeinschaft der Versicherten wird gern als Werbeargument herausgestellt. Dabei wird jedoch meist nach dem Grundsatz vorgegangen, daß der Kunde nicht das kauft, was er wirklich braucht, sondern was er begehrt. Dieses Begehren zu wecken, ist der Kernpunkt des Versicherungs-Außendienstes, gepaart mit Profitdenken und Sollerfüllung. Es verwundert deshalb nicht, wenn eine Vielzahl der Bundesbürger **für falsche und überflüssige Versicherungen laufend abkassiert** werden.

Im allgemeinen arbeiten Versicherungsvertreter ausschließlich für eine Gesellschaft. Außer einem niedrigen Grundgehalt, sind sie hauptsächlich von Provisionen abhängig. Das meiste Geld gibt es für teure und weniger wichtige Versicherungen. Für gesetzlich vorgeschriebene oder wirklich notwendige Sparten sind die Provisionen bescheidener. Auf Abschlußprämien und Folgeprovisionen wirken sich dazu noch hohe Versicherungssummen, alle möglichen Extras und lange Vertragslaufzeiten positiv aus.

Einfirmenvertreter sollen fast Unmögliches vollbringen: Eine umfassende Beratung bieten und ihre mehr oder weniger teuren Versicherungen an den Mann bringen. Hinzu kommt noch der interne Leistungsdruck. Der von den oberen Etagen oft straff geführte Außendienst muß die gesteckten Ziele erfüllen. Der **Gewissenskonflikt** ist also vorprogrammiert. Selbst wenn der Wille da ist, den Kunden objektiv zu beraten, wird wohl kaum einer auf bessere Angebote und günstigere Konditionen des Wettbewerbs hinweisen. Würde er immer eine verbrauchergerechte Aufklärung betreiben, wäre er bald ohne Einnahmen und für seine Gesellschaft untragbar.

Die bestehenden Versicherungen sind für den Berater ein Argument, von Zeit zu Zeit vorzusprechen. Dabei steht der Verkauf neuester Produkte, meist auf Vorgabe der Gesellschaft, im Vordergrund. Motivierend für solche Besuche sind manchmal auch interne Wettbewerbe und Aktionen, die besonders prämiert werden. Natürlich kann fairerweise ein Außendienstmitarbeiter schon mal seinem Kunden, wegen einer mißlichen Situation, von dem einen oder anderen aktuellen Versicherungspaket abraten. Systembedingt können selbst erfahrene und seriös arbeitende Einfirmenvertreter nur sehr beschränkt wirklich interessante Angebote vorlegen. Ob eine Betreuung im Schadensfall erfolgt, ist häufig nur bei langjährigen „Hausfreunden“ gewährleistet. Der Preis dafür, daß alle Verträge bei einer Gesellschaft abgeschlossen wurden, muß in der Regel jeden Monat oder jedes Jahr teuer bezahlt werden.

Gerade Versicherungen gegenüber sollte der Grundsatz gelten: „Vertrauen ist gut, Kontrolle ist besser!“

Kein Problem - wenn man all dies weiß:

Das Ziel, einen bedarfsgerechten und preiswerten Versicherungsschutz zu finden, ist kein Problem. Sie können sich Ihren "Maßanzug" mit logischem Vorgehen und nach dem "Do it yourself-Verfahren" schrittweise leicht selbst zusammenstellen. **Das Kleingedruckte** ist in allen Versicherungssparten (Ausnahme private Krankenversicherung) **bundeseinheitlich** durch das Amt für Versicherungswesen **geregelt.** Die im Juristendeutsch verfaßten Versicherungsbedingungen sind zwar eindeutig, aber nur schwer verständlich und nicht gerade verbraucherfreundlich.

Alle Versicherungsnehmer müssen das offiziell Kleingedruckte vorbehaltlos akzeptieren oder auf einen Abschluß verzichten. Grundlage eines Versicherungsvertrages sind die "Allgemeinen Versicherungsbedingungen" (AVB), die Rechte und Pflichten während der Vertragszeit allgemein festlegen. Für die einzelnen Versicherungssparten gibt es dann noch die "Besonderen Bedingungen", mit denen die speziellen Risiken beschrieben werden. Nebenabreden sind zulässig, müssen aber schriftlich bestätigt sein. Kein Kunde braucht vorgetragene Zusatzvereinbarungen zu akzeptieren.

Ansonsten sollten Idealvorstellungen aus Werbeversprechen auf ein Normalmaß reduziert werden. Das Versicherungsgeschäft ist sehr nüchtern. Kein Unternehmen hat etwas zu verschenken oder arbeitet karitativ. Alle Beiträge der Versicherten kommen in einen großen Topf, und bei Schäden wird ein Teil davon wieder ausbezahlt. Die Leistungen aus dem Topf sind in den meisten Bereichen vergleichbar, wegen identischer Versicherungsbedingungen. Nur beim gemeinsamen Einzahlen gibt es die großen Unterschiede. Genau umgekehrt ist es bei der Kapital-Lebensversicherung.

Jede Gesellschaft kalkuliert ihre Tarife so, daß möglichst das Gesamtergebnis bei der Bilanz des Risikos stimmt. Zwei Drittel aller Beiträge werden aus den Autohaftpflicht-, Kranken- und Lebens-Versicherungen eingenommen. In diesen drei Bereichen nimmt der Staat Einfluß, mit vorgeschriebenen hohen Kalkulationsmaßnahmen, der Pleiten faktisch ausschließt. Für die anderen Sparten gibt es Tarif-Verbandsempfehlungen, die vom Bundeskartellamt als "mißbräuchlich überhöht" bezeichnet wurden. Gesellschaften, die solche Preisempfehlungen mittels ihrer Vertreter am Markt durchsetzen, verdienen sich eine goldene Nase. Jedoch kann jeder der Hochpreispolitik entgegentreten, mit der Konkurrenz, die in allen Bereichen preisgünstige Haustarife anbieten.

Die vielen Versicherungssparten für den privaten Bereich lassen sich in **5 Gruppen einteilen:**

1. Versicherungen, die **gesetzlich vorgeschrieben** sind. Die bekannteste ist die Haftpflicht für jeden Kraftfahrzeugbesitzer. Als Arbeitnehmer (nicht Beamter) ist man sozialversichert und bis zu einem bestimmten Einkommen in der gesetzlichen Krankenversicherung. Ferner eine Gebäudeversicherung gegen Feuerschäden, die Hausbesitzer in einigen Bundesländern haben müssen.

2. Versicherungen für **Risiken, die einen finanziellen Ruin bedeuten können.** Dazu gehört insbesondere die private Haftpflichtversicherung. Wichtig für junge Familien mit Kindern und Bauherren ist die Risiko-Lebensversicherung und eventuell als Kombination eine Berufsunfähigkeits-Versicherung, die natürlich auch für Berufsanfänger und Selbständige große Bedeutung hat. Genauso bei freiwillig Krankenversicherten der wirksame Schutz vor überraschenden Krankheitsfolgen. Unter Umständen eine Unfall- und Hausratversicherung, sowie vorübergehend die Bauherrenhaftpflicht- und Bauwesenversicherung.

3. Versicherungen, **die Kosten absichern, welche notfalls noch selbst bezahlt werden können.** Das sind die KFZ-Voll- und Teilkaskoversicherung, die Rechtschutz-, Glas- und Reiseversicherungen.

4. Versicherungen **vorrangig zum Geld- und Steuersparen,** wie die Kapital-Lebensversicherung, Ausbildungs- und Aussteuer-Versicherungen, sowie eine Unfallversicherung mit Prämienrückgewährung.

5. Versicherungen **für den Komfort** sind z.B. die Krankenhauskosten-Zusatzversicherung und die überflüssige KFZ-Insassenunfallversicherung (siehe KFZ-Versicherungen). Meist auch alle zusätzlich zu einer Grundversicherung vereinbarten Extras.

Die Entscheidung, welche Versicherung wirklich unabdingbar ist, muß individuell beantwortet werden. Je nach Alter, Beruf, Familienstand, Besitz und der Zielsetzung ergeben sich recht unterschiedliche Bedürfnisse. Mit einer Versicherung wird kein Schaden verhindert, kein Unglück unwahrscheinlicher. Lediglich die finanziellen Folgen werden gelindert, sofern der Versicherer zahlt.

Mit der Fragestellung **„was wäre wenn"** und mit gesundem Menschenverstand ist das Problem leichter lösbar. Natürlich spielt der Geldbeutel bei der Auswahl eine Rolle. Läßt man sich von Versicherungsleuten zwanglos beraten, wird jeder das „nötige" Versicherungspaket anders schnüren. Die Einstufung der einzelnen Sparten wird sicher unterschiedlich gewichtet. Je nach Einschätzung der Finanzen des Kunden und dem ausgeprägten Profitdenken des jeweiligen Beraters. Nicht ohne Hintergrund dürfte bei allen Empfehlungen die Kapital-Lebensversicherung einen Top-Platz einnehmen.

Manche Familien zahlen über 20% ihres verfügbaren Einkommens in den großen Topf der Versicherer. Dabei wäre es manchmal sinnvoller, selbst Rücklagen, quasi als Eigenversicherung, zu bilden und dieses Geld geschickt anzulegen. Selbst Schäden mit überschaubaren Risiken ereignen sich meist genau so selten wie ein Lottogewinn. Und wenn nach dem Gesetz der großen Zahl das Ereignis doch eintrifft, dann könnte das Sparschwein aushelfen. Wie bei der Spielbank, machen alle diejenigen im Endeffekt beständige Gewinne, welche die Gelder im Hintergrund vereinnahmen und am längeren Hebel sitzen.

Ein weiterer Schritt wäre, den vorhandenen Versicherungsbestand zu kontrollieren. Im Rahmen der **Inventur** sollten dabei zwischenzeitliche Änderungen miteinfließen, wie Heirat, Geburt eines Kindes, Tod, Anschaffungen, Schäden, Beruf und Einkommen. Beim Abwägen könnte die Vergangenheit und die gemachten Erfahrungen eine Rolle spielen:

1. **Das Verhältnis - Kosten zu Leistungen - überprüfen.** Wichtige Versicherungen, die sozusagen Großschäden abdecken, sind meist relativ preisgünstig. Hingegen haben Risiken, die finanziell leichter getragen werden können, einen Luxuszuschlag (z.B. Glasschäden).

2. **Versicherungssummen den erforderlichen Risiken anpassen.** Durch Überversicherung werden im Risikofall kaum überhöhte Leistungen ausgezahlt (z.B. Krankentagegeld nur bis Einkommenshöhe). Maßgebend für Auszahlungen ist die Schadenshöhe, die maximal ersetzt wird (z.B. Hausrat). Die Übervorsorge kostet also nur unnötig Geld. Selbstverständlich können die überhöhten Summen sofort reduziert werden. Gefährlich ist dagegen eine Unterversicherung, die zu finanziellen Problemen führen kann, wenn nur der Teil eines Großschadens erstattet wird.

3. **Zahlungsweise und Termine koordinieren und verbessern.** Wenn möglich, sollten Jahresprämien bezahlt werden. "Stotterer" zahlen bei viertel- oder halbjähriger Überweisung Zuschläge bis zu 5%. Darüber hinaus kommen noch Überweisungsgebühren hinzu. Ein Ausgleich ergibt sich, wenn die Prämienzahlungen der verschiedenen Versicherungen über das ganze Jahr verteilt werden. Die meisten Gesellschaften kommen dem vorgetragenen Kundenwunsch entgegen.

4. **Sparmöglichkeiten über mögliche Selbstbeteiligung.** Bei privaten Versicherungen sind vernünftige Eigenbeteiligungen recht selten. Nur bei der KFZ-Kasko und in der privaten Krankenversicherung gibt es relativ hohe Nachlässe bei begrenzter Selbstbeteiligung. Dabei könnten die durch Bagatelleschäden verursachten Verwaltungskosten die Prämien drastisch senken helfen.

Grundsätzlich ist es zweckmäßig, wenn Sie nur Ihren wirklich erforderlichen Bedarf zugrundelegen, und der Wert einer persönlichen Risikoabsicherung klar erkennbar ist. Danach selbst agieren. Zurückliegende, vielleicht von cleveren Vertretern aufgeschwatzte und wenig überzeugende Abschlüsse, sollten einfach geändert werden.

So kommt man aus dem ungeliebten Vertrag heraus:

Die Mehrzahl der Versicherungsverträge können mit einer Frist von 3 Monaten zum Ende des Versicherungsjahres gekündigt werden. Oftmals wird nicht das Abschlußzeitjahr zugrunde gelegt, sondern das Kalenderjahr. Um den Kündigungstermin nicht zu verpassen, kann ganz einfach vorsorglich zum **"nächstmöglichen Termin"** gekündigt werden. Am sichersten ist per Einschreiben mit Rückantwortschein an die Zentrale, vor allem wenn die Frist knapp ist. Ansonsten genügt ein normaler "blauer Brief" mit der Bitte um Rückbestätigung. Kündigen Sie nicht rechtzeitig, dann verlängert sich die Laufzeit um ein weiteres Jahr.

Ein **außerordentliches vorzeitiges Kündigungsrecht** für den Versicherten besteht:

- bei Beitragserhöhungen, die innerhalb eines Jahres bzw. von 3 Jahren über ein festgesetztes Maß hinausgehen. Die Kündigung muß, nachdem die Erhöhung mitgeteilt wurde, innerhalb eines Monats erfolgen.
- nach jedem, noch so kleinen, Schadensfall kann sofort nach der Regulierung das Vertragsverhältnis gekündigt werden (Ausnahme Rechtschutzversicherung). Auch die Versicherung hat das gleiche Recht der Kündigung innerhalb eines Monats.
- bei sogenannter Doppelversicherung, beispielsweise nach einer Heirat, wird eine Kündigung fast immer akzeptiert.

Viele Verträge werden von den Versicherungen ganz bewußt mit langen Laufzeiten ausgestattet. Manchmal gibt es sogar für die langen Fristen noch einen Rabatt. Wenn Sie feststellen, daß Sie solche Verträge besitzen, aus denen Sie vorerst nicht herauskommen, sollten Sie zunächst einmal Ihre Police mit anderen Angeboten vergleichen und überrechnen.

Könnten Sie durch einen Wechsel zu einer günstigeren Gesellschaft noch jahrelang viel Geld einsparen, so gibt es trotzdem einen Weg, die Laufzeit abzukürzen: Angenommen, die persönlichen Verhältnisse oder Umstände haben sich geändert, so daß offiziell der Versicherungsumfang bzw. die Summen angepaßt werden müssen. Nach Gesprächen mit Ihrem zuständigen Versicherungsvertreter können Sie einen geänderten - ausdrücklich **neu vereinbarten - Jahresvertrag** (nicht Vertragsergänzung) abschließen und den alten Vertrag aufheben. Vorausgesetzt, Sie kündigen rechtzeitig, sind Sie nach einem Jahr aus der ungeliebten Versicherung.

Falls der Versicherer nicht auf einen neuen Jahresvertrag eingeht, bleibt noch die Möglichkeit, die Versicherungssummen so zu reduzieren, daß die finanzielle Belastung geringer wird. Alternativ könnte in einem wichtigen Bereich über eine preisgünstigere Gesellschaft ein Ausgleich vollzogen werden. Alle vereinbarten Zusätze einer Grundversicherung unterliegen nicht den langen Bindefristen und dürfen zum Ende eines Versicherungsjahres ausgeschlossen werden.

Das außerordentliche Kündigungsrecht gilt **grundsätzlich auch bei langlaufenden Versicherungen,** bei überzogenen Preiserhöhungen und eben nach dem Schadensfall. Es kann gefährlich sein, das Kündigungsrecht durch einen Pseudoschaden vorzutäuschen. Die Versicherungen wehren sich mit einem Betrugscomputer und machen konsequent Stichproben, sobald sie Unregelmäßigkeiten vermuten. Strafanzeigen wegen Versicherungsbetrug bleiben oft nicht aus.

Einfach in **Prämienstreik** zu treten und nicht zu bezahlen, **kann teuer kommen.** Die Rechtsabteilungen der Versicherungen haben sich auf Verweigerer eingestellt. **Vertrag ist nämlich Vertrag !** Nach erfolglosen Mahnungen seitens der Gesellschaft geht der Versicherungsschutz verloren und Rechtskosten können außerdem noch dazu kommen.

Für den Fall, daß kostenintensive Versicherungsprämien nicht mehr bezahlt werden können, der fristgerechte Kündigungstermin noch in weiter Ferne ist und somit die Beitragszahlungen weiterhin zu leisten sind, bleibt nur das Gespräch mit der Versicherungsgesellschaft. Bei **Arbeitslosigkeit,** vorübergehenden **finanziellen Engpässen** oder wegen tatsächlicher Zahlungsunfähigkeit bieten sich folgende **Lösungen** an:

1. Den Versicherungsvertrag ganz zu stornieren, was jedoch häufig von der Gesellschaft abgelehnt wird.

2. Die Versicherung mit der Deckung vorübergehend ruhen zu lassen, bis zum Ende des Finanzengpasses.

3. Die Beitragszahlungen sich stunden zu lassen, um nach finanzieller Erholung die Beiträge wieder nachzuentrichten. Der Versicherungsschutz bleibt während der Stundung erhalten.

In Notfällen können diese Vereinbarungen bei den Privathaftpflicht-, Unfall-, Kasko-, Hausrat- und Rechtschutzversicherungen getroffen werden. Eingeschränkt dagegen nur für die private Krankenversicherung und die Risiko-Lebens- und Berufsunfähigkeitsversicherung. Zusätzliche Möglichkeiten gibt es bei der Kapital-Lebensversicherung, die im speziellen Kapitel näher beschrieben sind.

Bei dem **Rücktrittsrecht** von Haustürgeschäften sind die Versicherungen vom "Risiko einer übereilten Unterschrift" kurioserweise **ausgeklammert.** Eine Frist zum Überlegen gibt es nicht, da der Gesetzgeber die Versicherungsverträge, samt Kleingedrucktem, als "geprüfte Ware" einstuft.

Ausgenommen hiervon sind nur die Unterschriften unter Lebensversicherungen. Hier wird ein Widerrufsrecht innerhalb von 10 Tagen gestattet. Auf Empfehlung des Versicherungsaufsichtsamtes sollen die Prämien einer Lebensversicherung nicht eingeklagt werden, um das "gegenseitige Vertrauen" der Vertragspartner zu erhalten. Gegen säumige Beitragszahler darf nur im Einzelfall auf Entscheidung des Vorstandes gerichtlich vorgegangen werden. Diese Empfehlung kommt nicht von ungefähr, denn nicht nur Verbraucher können von betrügerischen Vertretern übertölpelt werden, sondern auch die eigenen Versicherungsunternehmen mit gezinkten Verträgen.

Ansonsten gibt es nur kurz nach Abschluß eines Versicherungsvertrages **Anfechtungsmöglichkeiten** über das Bürgerliche Gesetzbuch (BGB) **bei Irrtum** (119) und **arglistiger Täuschung** (123) gegen falschspielende Vertreter. Dabei sind Zeugen für den Ernstfall, die bei der Vertragsunterschrift anwesend waren, recht nützlich. Zu beachten ist, daß **vor Fälligkeit** der ersten Prämie **Einspruch** eingelegt wird. Bei Versicherungen sind streitbare Erstkunden nicht beliebt. Deshalb kann manchmal schnell zugunsten des Geprellten entschieden werden. Denn schließlich kostet es der Versicherung auch Verwaltungsaufwand, schon vor Versicherungsbeginn dem ersten Geld hinterherzulaufen.

Sogar die Rechts- und Vertriebsform ist entscheidungswichtig:

Bevor Sie zur Tat schreiten und sich über Versicherungen informieren, bedarf es einiger Überlegung. Mit etwas Papierkrieg und telefonischen Kontaktanrufen kommen Sie dem Ziel nach bedarfsgerechter und preisgünstiger Risikoabsicherung näher.

Dabei könnte man zuvor erwägen, welche Rechtsform der Unternehmen den Interessen des Versicherungsnehmers am meisten entgegenkommt:

- **Aktiengesellschaften (AG),** die ausschließlich kommerziell arbeiten, und Erträge erwirtschaften müssen, um Dividende für Aktionäre auszuschütten.

- **Öffentlich-rechtliche Anstalten,** die zum Teil halbstaatlich verwaltet werden, und nur in bestimmten Regionen, z.B. in alten Landesgrenzen, tätig sein dürfen.

- **Versicherungsvereine auf Gegenseitigkeit (VVaG),** die ursprünglich als Genossenschaften ohne Gewinnstreben gegründet wurden und bei denen der Solidaritätsgedanke im Vordergrund stehen sollte.

Versicherungen können auch nach der **Form des Vertriebes,** der Beratung, der Spezialisierung, der Prämiengestaltung und nach Regionen **unterteilt** werden:

- **Überregionale große Gesellschaften** mit dichtem Vertreternetz und entsprechend hohem Verwaltungsaufwand.
- **Regional tätige** Versicherungen mit geringerem Aufwand für Außendienst und Verwaltung.
- Versicherungen mit **Direktvertrieb,** also per Post und ohne Außendienst. Manche jedoch mit Geschäftsstellen in Städten.
- Versicherungen für **spezielle Bereiche,** die nur über Betriebe, Verbände oder Vereine abgeschlossen werden können.
- **Freie Versicherungsmakler,** die mit mehreren Gesellschaften zusammenarbeiten und selektieren können.

Zwischen den Unternehmen herrscht freier Wettbewerb. Schadenszahlungen, Verwaltungs- und Vertriebskosten sowie Gewinne ergeben die Basis der Kalkulation der Prämien. Allerdings in einem bestimmten Rahmen der staatlichen Versicherungsaufsicht. Diesen **freien Wettbewerb** gilt es geschickt **auszunutzen.** Oft genügt es, als Vereinsmitglied an besonders preisgünstige Spezialversicherer heranzukommen, oder über Gruppenverträge des Arbeitsgebers winken manchmal Tiefstprämien, auch für den Privatbereich. Vielleicht sind Sie sogar irgendwo automatisch mitversichert, ohne es zu wissen. Überlegungen in dieser Richtung können sich lohnen.

Firmengebundene Vertreter und Vermittler operieren immer aus einer bestimmten Interessenlage heraus. Ähnlich gelagert ist es bei den zahlreichen freundlichen Helfern (z.B. Autoverkäufer), sowie sogar unter Freunden und Kollegen. Eine reelle Auswahlmöglichkeit hat der Kunde dabei nicht, im Gegenteil ! Der Vermittler erhält für seine Dienste von der verbundenen Gesellschaft eine schöne Provisionseinnahme.

Die großen Versicherungsunternehmen haben ihre Außendienstler in eine starke Hierarchie eingebunden, wo jeder - von unten nach oben - an jedem mitverdient:

- **Nebenberufsvertreter** erschließen als Feierabendakteure oder am Arbeitsplatz für ein paar Mark ihr Umfeld durch persönliche Beziehungen. In Bezug auf Ausbildung und Fachwissen gilt das Prinzip "Masse statt Klasse" und sie dienen in der Regel nur als Mittel zum Zweck.

- **Außendienstangestellte** sind Spezialisten in Teilfachgebieten und stark auf Verkauf getrimmt. Als sogenannte Inspektoren unterstützen sie die "Versicherungsonkel" mit Rat und Tat, auch als Verstärkung beim Kunden. Neben geringen Festbezügen erhalten sie meist nur einmalige Erfolgsprovisionen.
- **Versicherungsagenten** vertreten als Selbständige ihre "Marke" in einem Bezirk. Als Statthalter vor Ort müssen sie ein Büro führen und kassieren laufend Betreuungsprovisionen. Sie erhalten Vorgaben von der Zentrale und sollen ihre Leute - sofern sie welche haben - durch Schulungen auf Trab halten, um Kampagnen umzusetzen. Oftmals dürfen sie kleine Schäden regulieren.

Daneben gibt es noch andersartige Strukturen von Direktionen bis zum Einzelkämpfer ohne Gebietsschutz unter den Fittichen einer Gesellschaft, die häufig mit anderen finanziell verflochten sind und zusammenarbeiten. Manche Versicherer bedienen sich auch selbständiger Vertriebsorganisationen für bestimmte Zielgruppen. Diese vertreiben wohlklingende Programme in "Hauruck-Manier" mit vielen Stornierungen geprellter Neukunden.

Informationen der verschiedenen Versicherungsbereiche können Sie unverbindlich schriftlich oder telefonisch anfordern. Für **gezielte Angebote** sollten Sie die erforderlichen Daten angeben und dabei nur auf die Grundversicherungsart abheben. Dadurch wird der Vergleich für Sie einfacher. Sie können das Einholen von vielen Angeboten ganz rationell abwickeln, indem Sie alle Angaben der gewünschten Versicherungen auf einem Musterbrief zusammenstellen. Diesen Brief dann kopieren und die einzelnen Anschriften ergänzen. Um Portokosten zu sparen, genügt der Vermerk auf dem Umschlag oder im Anschriftenfeld der Kopie "Drucksache". Werden die Kopien offen verschickt, kostet die Briefmarke nur 50 Pfennige.

Selbst wenn Sie ausdrücklich nur ein schriftliches Angebot wünschen, schicken vor allem teure Gesellschaften lieber einen Vertreter an die Verkaufsfront. Offiziell natürlich nur zwecks Rückfragen für das Angebot und auf Wunsch für eine unverbindliche Beratung. Ohne richtige Übersicht ist es jedoch schwer, einem in Verkaufsrhetorik geschulten Profi, den aufgestellten Behauptungen Paroli zu bieten. Selbst Tatsachen können mit Schlagwörtern umgedreht werden.

Viele Angebote enthalten schön herausgestellte Extras, die oft nur die hohen Prämien verschleiern sollen. Bei jeder **Bewertung** der Unterlagen ist es vorteilhaft, **nur das Grundrisiko mit den Jahresprämien heranzuziehen.** Denn die als Rosinen verpackten Kombinationen erweisen sich häufig als saure Gurken, die auch noch teuer bezahlt werden müssen.

Bei Preisvergleichen sollten Sie auf die **Beitragsrückerstattungen** achten, die Versicherungsvereine auf Gegenseitigkeit meist **regelmäßig** gewähren. Die Vergünstigungen erhält man satzungsgemäß bei schadfreiem Verlauf in fast allen Sparten. Also nicht nur bei der KFZ-Haftpflichtversicherung, wo gezwungenermaßen die überschüssigen Beiträge wieder verrechnet werden müssen.

So bieten Sie dem Versicherungs-Vertreter die Stirn:

Wenn Sie eine Übersicht über die Preise haben und wissen, welche Versicherungssummen Sie in etwa brauchen, können Sie ergänzende Informationen bei den Gesellschaften direkt einholen. Neutrale, telefonische Beratung gibt es oft von Fachleuten in den Niederlassungen, da diese nicht so dem Zwang des "Verkaufen müssen" unterliegen.

Einfacher ist es jedoch, einen Vertreter ins Haus kommen zu lassen. Mit günstigen Angeboten im Hintergrund ist es einfacher, seinen Verlockungs- und Verunsicherungstaktiken zu widerstehen. Bei geschicktem Vorgehen werden Sie vielleicht erstaunt sein, was für Zugeständnisse möglich sind. Allerdings ist alles mündlich Vorgetragene nichts wert; maßgebend sind nur schriftliche Abmachungen, notfalls sogar von der Direktion.

Das gilt natürlich nicht für Bagatelle-Versicherungen (im Branchenjargon: Kleinvieh), wo wenig verdient wird. Dann wird oft mit allen Tricks versucht, den Kunden total zu verunsichern. Auf einmal sind ganz andere Versicherungen im Gespräch. Bei ganz lukrativen - wie etwa die Kapital-Lebensversicherung - kann es dann sein, daß Rabatte und ein Teil der Provision angeboten werden. Besonders hartnäckige Kunden bekommen notfalls den dicken Provisionsbatzen sogar brüderlich geteilt.

Aus Anlaß des Besuches können Sie auch den Spieß umdrehen. Vielleicht sind Sie sich nicht sicher, wie hoch Ihr derzeitiger Alters-Vorsorgeanspruch ist, den Sie bei bestimmten Versicherungen wissen sollten. Zum Service eines ordentlichen Außendienstmitarbeiters gehört, daß er über Computer-Programme - natürlich gratis und unverbindlich - den Rentenanspruch ausrechnen läßt.

Eine **bessere Alternative** zu den Einfirmenvertretern sind beim Weg zur optimalen Absicherung, im Zweifelsfall, die **Freien Versicherungsmakler.** Echte Makler arbeiten mit mehreren Gesellschaften zusammen und können deshalb umfassender beraten. Meist kennen sie den Versicherungsmarkt sehr genau und sind in der Lage, dem Kunden nicht nur Vergleichsangebote vorzulegen. Mehrkosten entstehen nicht, da in den Prämien die Provisionen bereits einkalkuliert sind. Die Freien Versicherungsmakler haben oft eine starke Stellung gegenüber ihren vertretenen Gesellschaften. Insbesondere, wenn hohe Umsätze erzielt werden, und eine **Regulierungsvollmacht** von Schäden bis zu bestimmten Höchstsummen besteht. So kann eine Schadensmeldung schnell und unbürokratisch erledigt werden.

Auch bei Kontakten mit Maklern ist es nur von Vorteil, **gut vorbereitet** sich Informationen zu holen. Selbst der vertrauenswürdigst wirkende Gesprächspartner kann ein Schlitzohr sein. Selbstverständlich verkaufen die Makler dem unbefangenen Interessenten lieber Versicherungen mit hohen Provisionen von Unternehmen mit den besten Konditionen für die eigene Tasche. Die Redlichkeit eines Maklers können Sie ganz einfach mit hypothetischen Fragen nach seiner Meinung zu 10-Jahresverträgen und Dynamik überprüfen. Um auch den informierten und kritischen Kunden bei der Stange zu halten, können Makler, auf konkrete Nachfrage, günstigere Angebote aus der untersten Schublade vorlegen. Allerdings manchmal mit Hinweis einer schlechteren Abwicklung im Schadensfall.

Vorsicht ist angebracht, wenn sich Einfirmenvertreter oder auch Mehrfachagenten widerrechtlich als Makler ausgeben. Diese Leute sind gebunden und können von der Verpflichtung her nicht neutral beraten. Um einen möglichen Kunden nicht ganz zu verlieren, wird dann auf ein "befreundetes Unternehmen" verwiesen, im Hinblick auf die spätere Provisionsteilung mit dem Berufskollegen der Konkurrenz.

Wegen dem sehr erschwerten Ausstieg aus langfristigen Versicherungsverträgen sollten nur **Bindungen auf ein Jahr** vereinbart werden, die sich automatisch verlängern, falls nicht gekündigt wird. Eine Ausnahme sind natürlich Versicherungsarten, deren Prämien vom Eintrittsalter abhängig sind. Vorteile von langen Vertragslaufzeiten haben nur die Gesellschaften, einschließlich der Vertreter, die sich damit beständige Folgeprovisionen sichern. Das kleine, hierfür erforderliche Kreuzchen auf dem Antrag wird häufig geflissentlich übergangen, um es später, gleich nach der Unterschrift "gewissenhaft" zu ergänzen. Von sich aus wird kaum ein Vermittler auf den "Langläufer" hinweisen. Mit solchen Verträgen lassen sich auch regelmäßige Preiserhöhungen leichter durchsetzen. Da der Wettbewerb mit verbesserten Angeboten wächst, ist ein spontaner Wechsel zu einer günstigeren Versicherung nicht möglich. Auch der persönliche Bedarf muß nicht unbedingt 10 Jahre gleichbleiben. Preisgünstige Unternehmen verzichten, meist ohne Strafgebühr, auf solche langfristigen Abmachungen. Die Rabatte der Teuren kann man getrost vergessen, denn diese wurden vorher miteinkalkuliert.

Das Wort **"Dynamik"** wurde von den Versicherungen sorgsam ausgewählt, da es Schwung und Aufwärtsdrang verkörpert. Mit dieser Vereinbarung geht es schwungvoll mit der Versicherungssumme und den Beiträgen aufwärts. Entweder mit fest vereinbarten Prozentsätzen oder mit Beitragssteigerungen, die an die Sozialversicherung gekoppelt sind. Die Dynamik dient der Bequemlichkeit des Versicherten, da er außer **ständig höheren**

Zahlungen ohne weitere Überlegung angeblich immer "auf dem neuesten Stand" ist. Durch die automatische Steigerung profitiert die Versicherung samt Außendienst - ohne Aufwand - von der Teuerung, inklusive aller weiteren Zusatzversicherungen. Ob die Argumente, wie Erhaltung der Kaufkraft und Verschlechterung des Gesundheitszustandes, stichhaltig sind, sollte gründlich und kritisch überlegt werden. **Der Bedarf nach zusätzlicher Absicherung nimmt in der Regel ab,** weil z.B. Verpflichtungen gegenüber Kindern mit zunehmendem Alter sich verringern. Außerdem ist man finanziell flexibler gegenüber besseren Angeboten der Vermögensbildung oder Absicherung, als wenn man beispielsweise ständig höhere Prämien in die Lebensversicherung reinbuttert. Zudem wird durch die Anrechnungstechnik die Gesamtrendite "dynamisch" geschmälert.

Mit dem **Schluß-Bonus oder der Prämienrückgewährung** sollen schlechtere Leistungen bzw. hohe Tarife in ein günstigeres Licht gerückt werden. Damit erhält der Kunde am Ende des Versicherungszeitraumes eine zusätzliche Prämie ausbezahlt, die als besondere Zugabe des Unternehmens deklariert wird. Das Gegenteil ist der Fall ! Die überteuerten Beiträge sind vielfach schlecht verzinst und werden nur ausbezahlt, wenn der Vertrag bis zum Schluß läuft. Muß oder will der Versicherte früher aussteigen, wird er bestraft, indem seine vorenthaltenen Sparanteile aus überzogenen Prämien als Verlust abgebucht werden. Für Versicherungen ein glänzendes Geschäft, weil laut der Arbeitsgemeinschaft der Verbraucher rund zwei Drittel der langfristigen Verträge auf der Strecke bleiben.

Oft werden Versicherungskunden mit **undurchsichtigen Sonderangeboten** konfrontiert. In einem Betrag wird ein ganzes Sortiment von Versicherungen verpackt. Nicht selten werden diese Menüs als sehr erlesen offeriert und als delikate Komposition dargestellt. Mit Sicherheit verbrennt man sich, über den Preis, den Mund. Ganz zu schweigen, daß solche Angebote einem individuellen Versicherungsbedarf widersprechen und selten ins Schwarze treffen. Auch wenn ein solcher Vertrag unter Dach und Fach ist, kann nach einer gewissen Zeit der Vertreter wieder auftauchen. Dieses Mal mit einem ganz besonderen Angebot. Grund: seine Gesellschaft hat inzwischen Zusätze, die den Altvertrag wesentlich verbessern. Gutgläubige Kunden, die von den vorgelegten Zahlen zunächst beeindruckt sind, merken vielleicht erst später oder überhaupt nicht, daß die Prämien-Mehrbelastungen in keinem Verhältnis zur "Verbesserung" stehen.

Ein ganz abgekartetes Spiel wird häufig mit Skeptikern und Zauderern getrieben. Ein unschlüssiger Kunde, der die Entscheidung eines Abschlusses nochmals überschlafen will, erhält ein scheinbar faires Angebot, die Sache noch zwei Wochen zu überdenken. Allerdings, so wird argumentiert, könnte ja vorher schon einmal alles abgeklärt und im Antrag vermerkt werden. Selbstverständlich mit kostenlosem Rücktrittsrecht ! Die Unterschrift im

Dokument ist für den Kunden angeblich problemlos, zumal über die Rücktrittsklausel irgendwo Notizen gemacht werden. Die Spekulation des Vertreters geht mit großer Wahrscheinlichkeit auf: dank seiner trickreichen Abschlußtechnik flattert bald die Prämienrechnung ins Haus. Denn sicher vergessen die meisten Kunden die bindende Abmachung oder verpassen nur die Frist.

Die sogenannte **Billigungsklausel** gilt für jede abgeschlossene Versicherung. Auf allen Dokumenten ist irgendwo sinngemäß folgendes vermerkt: "An den jeweils rot (manchmal auch unterstrichenen) Stellen weicht der Versicherungsschein vom Antrag ab. Diese Abweichungen gelten als genehmigt, wenn nicht innerhalb eines Monats widersprochen wird". Falls Sie solche besonders gekennzeichneten Stellen entdecken, sollten Sie wirklich "rot" sehen. Im Klartext heißt dies: der Versicherer weicht einseitig vom gestellten Antrag ab. Entweder wird versucht, zusätzliche Anforderungen durchzusetzen, oder es werden Risiken gegenüber dem Antragsformular anders eingestuft. Damit der Vertrag nicht unversehens in Kraft tritt und sich Nachteile ergeben, heißt es ganz genau aufzupassen. Bei rechtzeitigem Widerspruch bleibt der Inhalt des Antrages gültig oder der Vertrag ist null und nichtig.

Um die Vertreterheerscharen zu motivieren, lassen sich alle Unternehmen immer neue Ideen einfallen. Findige Marketingexperten brüten ständig verwirrende Versicherungs-Kreationen aus, damit der Außendienst sich vom Wettbewerb abheben kann. Ziel solcher Strategien ist, auch kritischen Kunden einen **Preisvergleich zu erschweren.** Oft ist es nur ein Spiel mit Worten: So erhalten z.B. Frauen von einem teuren Autoversicherer den sogenannten "Lady-Rabatt". Dazu noch das Kompliment, sie wären die besseren Autofahrer. Sicher wird diese Lady "in Fahrt kommen", wenn sie eventuell später feststellt, daß sie trotz Rabatt wesentlich mehr bezahlt als bei einer preisgünstigen Gesellschaft.

Einige spezielle Maschen und Werbegags trügerischer "Sicherheits- und Sonderangebote" werden in den verschiedenen Versicherungsbereichen noch einzeln beschrieben. Jedoch nicht umfassend ! Würden (fast) alle Praktiken aufgeführt, wie Versicherten das Geld unbemerkt aus den Taschen gezogen wird, müßte ein neues Buch geschrieben werden. Doch das wäre sicherlich weder für den Schreiber noch für den Leser besonders vergnüglich. Die Taschenspielertricks sind teilweise auf dem Niveau der ZDF-Sendereihe "Vorsicht Falle! Die Kriminalpolizei warnt: Nepper, Schlepper, Bauernfänger" angesiedelt.

Steuerersparnis durch Versicherungen ?

Das oft gebrauchte Argument der Steuerersparnis durch Versicherungen könnte Grund sein, eine Nagelprobe zu machen. In der Regel werden Sie leider feststellen, daß die "Luft zum Steuersparen" über die Vorsorgeaufwendungen sehr dünn ist.

Die Sonderausgaben, mit der Versicherungen bei der Lohn- oder Einkommensteuer-Erklärung abgerechnet werden, sind **sehr eingeschränkt.** Ledige und doppel verdienende Ehepaare erreichen als Arbeitnehmer die anrechenbaren Höchstsummen der Sonderausgaben ziemlich schnell. Durch die Beiträge zur gesetzlichen Sozialversicherung liegt die Grenze des Jahreseinkommens der Ledigen bei etwa 26.000 Mark und für Doppelverdiener bei ca. 53.000 Mark. Ein Steuerabzug für Versicherungen ist nicht möglich. Wer weniger verdient oder Alleinverdiener ist, kann großteils nur die Hälfte der Versicherungsbeiträge steuerlich nutzen. Obwohl Beamte keine gesetzlichen Sozialabgaben zahlen, wurden auch hier die Abzugsmöglichkeiten bei Sonderausgaben teilweise gekürzt.

Durch die Erhöhung des Kinderfreibetrages wurden die Sonderausgaben-Zuschläge für Kinder ab 1986 gestrichen. Die Auswirkungen für Familien mit Kinder sind, daß die bestehenden Versicherungen steuerlich nur noch teilweise berücksichtigt werden können. So wird beispielsweise die Kapital-Lebensversicherung eines renditebewußten Familienvaters, von einer lukrativen eher zu einer bescheidenen Geldanlage degradiert. Bis 1985 waren je Kind noch 1.200 Mark absetzbar.

Folgende Versicherungsbeträge werden maximal steuerlich anerkannt:

Sonderausgaben*	**Unverheiratet**	**Verheiratet**
voll abzugsfähig	2.340 Mark	4.680 Mark
50% abzugsfähig	1.170 Mark	2.340 Mark
begünstigt	**3.510 Mark**	**7.020 Mark**
anrechenbare Höchstsumme	**4.680 Mark**	**9.360 Mark**

* **ohne Vorwegabzug 3.000 Mark für Ledige und 6.000 Mark für Verheiratete.** Der in der Lohnsteuerkarte eingetragene Arbeitgeberzuschuß zur Sozialversicherung muß vom Vorwegabzug abgerechnet werden. Auch Beamten wird der Vorwegabzugsbetrag anteilmäßig gestutzt. Lediglich die Selbständigen dürfen den Vorwegabzug auf die anrechenbare Höchstsumme voll dazuaddieren.

Beispiel der steuerlichen Buchhaltung für Sonderausgaben:

	Gesamt-ausgaben	Sonder-ausgaben
Gesetzliche Rentenversicherung:		
– Pflichtbeiträge	8.000	–
– Eigenbeteiligung	–	4.200
– Arbeitgeberzuschuß 3.800 **(1)**	–	**(1)**
Freiwillige Beiträge	–	–
Gesetzl. Krankenkasse Eigenanteil	2.000	2.000
Arbeitslosenvers. Eigenanteil	500	500
Private Lebensversicherung:		
– vermögenswirksame Leistungen **(2)**	624	624
– LV-Direktversicherung	2.400	–
– sonstige Lebensversicherungen	600	600
Private Kranken- und Tagegeld-Versicherungen	480	480
Private Unfallversicherung	100	100
KFZ-Versicherung (Haftpflicht)	500	500
Rechtschutz	200	–
Private Haftpflichtversicherungen	60	60
Hausratversicherungen	120	–
Sonstige Versicherungen (z.B. Reise, Kasko)	150	–
Bausparbeiträge (nicht prämienbegünstigt)	–	–
	15.734	**9.064 (3)**

(1) Als Lediger ist kein Vorabzug möglich. Bei Verheirateten ist ein Vorwegabzug mit **6.000 – 3.800 = 2.200 Mark** zusätzlich anrechenbar.

(2) Als Sonderausgaben nur abzugsfähig, wenn die Arbeitnehmersparzulage wegen der Einkommenshöhe entfällt.

(3) In diesem Beispiel könnte nur der Verheiratete noch **9.360 – 9.064 = 296 Mark** an Versicherungen oder Bausparbeiträgen von der Steuer als Sonderausgaben absetzen, und diesen Betrag effektiv nur zu 50%. Der Verheiratete kann über den Vorwegabzug (1) zusätzlich noch 2.200 Mark mit 100% dazuaddieren.

Gegen Versicherungs-Willkür gibt es Hilfe:

Für die Wahl der Versicherungsgesellschaft sollte nicht nur die Höhe der Prämie das einzige Entscheidungskriterium sein. Eine Rolle könnten Betreuung und Abwicklung im Entschädigungsfall spielen. Versprechungen sind jedoch leicht gemacht. Ein dichtes Vertreternetz ist keine Gewähr für einen guten Service im Ernstfall. Nicht jeder Vermittler darf den direkten Draht zu seiner allmächtigen Zentrale nutzen.

Rechtlich ist der Kunde nach der Vertragsunterschrift bei Problemen, z.B. wenn er aus Unkenntnis einen Nachteil hat, selbst verantwortlich. Weder der Vertreter noch die Gesellschaft ist verpflichtet, den Versicherten später fachlich zu beraten. Auch falsche Informationen vor Abschluß seitens des Vertreters sind dann nicht maßgebend, da er persönlich nicht haftet. Entscheidend ist immer das Kleingedruckte und gegebenenfalls schriftliche Abmachungen. Bei Konflikten ist der Einfirmenvertreter zuallererst seinem Brötchengeber verpflichtet. Verbraucherfreundlicher ist dagegen die Rechtslage gegenüber dem Versicherungsmakler, der für eventuelle Beratungsfehler alleine in der Pflicht ist und für Fehlinformationen haftet.

In der Regel ist es doch meist so: man zahlt jahrelang treu und brav seine Beiträge, ohne daß ein Schaden eintritt. Der Service wird also gar nicht in Anspruch genommen. Beispielsweise haben fast die Hälfte aller Autofahrer bei den KFZ-Versicherungen den höchsten Schadenfreiheitsrabatt erreicht, was bedeutet, daß über 9 Jahre kein Kontakt mit seiner Gesellschaft wegen Schäden nötig war. Ob es sinnvoll ist, für eine eventuelle gute Betreuung jedes Jahr vielleicht 100 Mark und mehr für nur eine Police auszugeben, sollte vor allem für den einzelnen Versicherungsbereich flexibel entschieden werden.

Eine **Betreuung** spielt bei allen **Haftpflichtversicherungen eine untergeordnete Rolle,** da nicht der Versicherte, sondern der Geschädigte sich um Zahlungen seiner Forderungen bei der gegnerischen Versicherung kümmern muß. Des weiteren ist eine Fürsorge seitens des Vertreters höchst selten erforderlich bei Lebens-, Unfall- und Berufsunfähigkeitsversicherungen.

Sicher muß im Schadensfall ein gewisser Aufwand betrieben werden, falls die Gesellschaft nicht am Ort vertreten ist. Das gilt für Kaskoschäden, die Hausrat- und Gebäudeversicherung. Aber wenn Sie sich an die Spielregeln im Schadensfall halten, ist der Papierkrieg meist begrenzt.

Der Kundendienst umfaßt in der Regel, daß die Schadensmeldung ausgefüllt wird, damit die Erstattung durch die Versicherung problemlos erfolgt. Von einzelnen cleveren Vertretern wird in der Praxis manchmal das Ziel der Schadensbegrenzung verfehlt, und mit guten Einfällen die eigene Gesellschaft geschädigt. Vor allem, wenn ein neuer Abschluß herausspringen könnte.

Jeder Schaden ist umgehend telefonisch oder schriftlich der Versicherung zu melden. Dabei sollten Sie alles Wesentliche klar darstellen. Hierbei kann die gezielte Suche nach dem Wesentlichen in den Versicherungsbedingungen oft mehr bringen, als etwa schwammige Auskünfte schlecht ausgebildeter Nebenberufler. Aus unvorsichtigen, mißverständlichen Formulierungen könnte eine eventuelle Mitverschuldung herausgelesen werden. Auch ist nicht sicher, ob Ihre Angaben nicht bei der gegnerischen Versicherung landen.

Unberechtigte Fragen nach einer Rechtschutzversicherung sollten Sie **nicht verneinen,** um nicht gleich als Streitunwilliger eingestuft zu werden. Die Versicherung darf keinen Grund finden, um Schadenszahlungen hinauszuzögern, Kürzungen vorzunehmen oder gar eine Ablehnung zu versuchen. Falls dies doch ungerechtfertigt passiert, kann eine gewisse Hartnäckigkeit mit Reklamationen und Beschwerden helfen. Bei kleineren und mittleren Erstattungsbeträgen können die hierfür erforderlichen, zusätzlichen Verwaltungsaufwendungen eine Meinungsänderung beim Versicherungsunternehmen bewirken.

Eine beschleunigte Abwicklung eines Schadens kann unter Umständen über die Direktion herbeigeführt werden, vor allem mit der Ankündigung, die berechtigte **Beschwerde** dem Berliner Aufsichtsamt zu **melden.** Das Bundesaufsichtsamt für das Versicherungswesen ist gehalten, alle Versicherungseingaben der Bürger sorgfältig und ausführlich zu beantworten. Darüber hinaus kann die Behörde direkt bei den Versicherungsgesellschaften intervenieren, um Bearbeitungsfehler aufzudecken oder einen Rechtsirrtum zu klären, sowie bei anerkannten Beschwerden Abhilfe zu schaffen.

Obwohl das Bundesaufsichtsamt bisher nicht als verbraucherfreundlich gilt, löst eine Beschwerde in Berlin bestimmt Reaktionen aus. Für Unregelmäßigkeiten von Sachbearbeitern oder Vertretern darf der Vorstand der Versicherung sich damit befassen. Allerdings muß die staatliche Aufsicht strittige Tatbestände an die Zivilgerichte verweisen, und darf nicht als Schiedsrichter fungieren.

Bei wirklich hohen Schadensersatzansprüchen - beispielsweise als Unfallopfer - kann sich die Versicherung als "Ver-un-sicherung" gebärden. Es gibt kaum einen Trick, den die Versicherer nicht anwenden, um die Ansprüche zu drücken. Die Rechtsexperten verfügen über Erfahrungen aus vielen Versicherungsfällen, so daß an Waffengleichheit, auch mit Anwälten, vielfach nicht zu denken ist. Von einer Taktik bestimmt, werden dann Gegenrechnungen erstellt, die allenfalls eine äußerst niedrige Schadenszahlung zugestehen. Wehren sich die Betroffenen, kann hernach mit allen möglichen Einwänden die Schadenssache verschleppt werden. Die Versicherung hat ihr Ziel erreicht, wenn der Geschädigte dem vorgelegten Vergleichsangebot zustimmt. Eine Praxis, die den Werbeversprechen Hohn spricht !

Mit **Kulanz** wird häufig verkaufsfördernd von Vertretern geworben. Doch dies ist eine bewußte Irreführung des Verbrauchers. Denn Leistungen bzw. Zahlungen, auf die kein Rechtsanspruch besteht, sind offiziell verboten und immer nur eine äußerst seltene Ausnahme. Aus Gründen der Gleichbehandlung wären andere Versicherte die Dummen und müßten die Kulanz großzügiger Unternehmen mit ihren Beiträgen mitbezahlen. Außerdem achten alle Versicherer peinlich genau auf ihre Bilanzen.

Hilfen bei Versicherungsproblemen gibt es gegen Honorar von **gerichtlich zugelassenen Versicherungsberatern.** Der Ratsuchende erhält Hilfestellung vor und nach einem Abschluß, sowie bei Ärger mit Verträgen und Schadensforderungen. Diese neutralen Helfer dürfen weder Versicherungen vermitteln noch abschließen. Die örtlichen Berater können über den Bundesverband Deutscher Rechtsbeistände in München erfragt werden.

Auch **Verbraucherzentralen,** und zum Teil auch die Beratungsstellen, sind in der Lage, den Versicherten zu beraten und ihn über seine Rechte zu informieren. Bei besonders problematischen Fällen ist eine kostenlose Beratung durch einen Rechtsanwalt möglich.

Beim "Bund der Versicherten" erhält jedes Mitglied - gegen einen jährlich zu entrichtenden Mitgliedsbeitrag - Hilfestellung bei Ärger mit Versicherungsunternehmen. Es wird eine telefonische oder schriftliche Beratung angeboten, jedoch keine Kostenübernahme bei Prozessen gegen Versicherungen. Außerdem bekommt man bei Mitgliedschaft einen Beratungsbogen, mit dem bestehende Versicherungsverträge ausgewertet werden, um den persönlichen Bedarf individuell zu ermitteln.

Der besondere Test:

Bei einem Kontakt mit einem Versicherungsvertreter stellen Sie arglos die Testfrage, damit Sie feststellen, wo die Schwerpunkte und Interessen des Beraters liegen:

„Was halten Sie von einer **hohen, langfristigen** Kapital-Lebensversicherung für die Altersvorsorge ? Und vor allem von der Rendite, auch wenn meine **Sonderausgaben schon ausgeschöpft** sind ?"

Sicher für die meisten ein Grund, euphorisch die vielen Vorteile einer Lebensversicherung aufzuzählen. Vielleicht hat der Experte nur keine Ahnung und plappert die eingehämmerten Verkaufsargumente nach. Denn jeder einigermaßen fachlich interessierte Vertreter muß Bescheid wissen:

Die Kapital-Lebensversicherung ist trotz geringer neuer Verbesserungen eigentlich keine richtige Versicherung, sondern eine Art Lotteriespiel mit einer relativ schlechten Rendite. Denn die meisten Verträge der Erlebensfall-Versicherung mit langen Laufzeiten werden in der vereinbarten Form nicht durchgehalten, und dann ein sicheres Verlustgeschäft des Kunden.

Weil die Versicherer mit dem anvertrauten Spargeld enorme Gewinne einfahren, lassen sie auch ihre Jäger daran üppig teilhaben. Um die Vertreter besser einschätzen zu können, ist es wichtig zu wissen, daß die ersten drei Beitragsjahre teilweise gleich anfangs als "Kosten" verbucht werden. Davon wird über eine Jahresprämie für den erfolgreichen Abschluß ein Vermittlungshonorar abgezweigt. Von der Versicherungssumme sind das immerhin 3,5% - oder auch weit mehr – je nach Rang des Vermittlers.

Private Haftpflichtversicherungen

Nach unserem Recht muß jeder den Schaden ersetzen, den er anderen zufügt. Als Erwachsener haftet man mit dem gesamten Vermögen bis zur Pfändungsgrenze. Durch diese Verpflichtung zahlt man für Leichtsinn, Unvorsichtigkeit oder Vergeßlichkeit. Im Extremfall ein Leben lang.

Die Privat-Haftpflicht schützt vor Ansprüchen Dritter im Privatbereich. Spezielle Haftrisiken können extra versichert werden. Beispielsweise als Tierhalter, Haus- und Grundstücksbesitzer, Öltankbesitzer, Wassersportler, Bauherr, Landwirt, Freiberufler, Beamter (Lehrer) und Betriebsinhaber. KFZ-Halter und bestimmte Berufsgruppen müssen sich pflichtversichern.

Gegen das Risiko, unverhofft zur Kasse gebeten zu werden, sind nur etwa 15 Millionen Haushalte versichert. Da der Schutz relativ wenig kostet, sollte auf diese Absicherung eigentlich niemand verzichten – insbesondere wenn Kinder in der Familie sind. Abgedeckt vor Schadensersatzansprüchen ist der Versicherte im privaten Alltag mit seinen Risiken. Sei es als Fußgänger oder Radfahrer, beim Sport und Hobby, oder wenn die Waschmaschine ausläuft. Neuerdings auch auf Reisen, denn der Haftpflichtschutz gilt weltweit.

Nach den Versicherungsbedingungen müssen alle Schadensansprüche gesetzlich begründet sein. Bei unberechtigten Ansprüchen trägt der Versicherer die anfallenden Kosten bei einem Rechtsstreit. Somit ist die Haftpflicht auch eine **Mini-Rechtsschutzversicherung.**

Nicht versichert sind: Schäden, die man selbst erleidet, oder vorsätzlich herbeigeführt hat, sowie an gemieteten, geliehenen oder gepachteten Gegenständen. Des weiteren Ansprüche von Angehörigen, die im eigenen Haushalt wohnen.

Mit einem Haftpflichtversicherungs-Vertrag sind die ganze Familie, der Ehegatte und minderjährige, unverheiratete Kinder ohne Mehrkosten versichert. Geschützt sind auch Adoptiv- und Pflegekinder, die in der Wohnung leben. Außerdem Personen oder Hausangestellte, die die Wohnung, das Haus und den Garten betreuen. Selbst wenn Kinder außer Haus sind, genießen sie Schutz während der Schul- und Berufsausbildung. Das gleiche gilt bei Wehr- und Ersatzdienstpflichtigen.

Versicherungssummen und Beitragsvergleich:

Die Deckungssummen sind vorgegeben: 1 Million für Personenschäden (Verletzungen, Tod, bleibende Gesundheitsschädigungen) und 300.000 Mark für Sachschäden (Beschädigungen, Zerstörungen). Empfehlenswert sind als Pauschale 1 Million als Deckung wegen des vergleichsweisen geringen Aufpreises von ca. 5 Mark. Oft sind Verluste am Vermögen (schwer beweisbar) mit etwa 12.000 Mark mitabgedeckt.

Derzeit günstigster überregionaler Anbieter mit Niederlassungsservice (Jahresbeitrag mit Deckungssumme 1 Million pauschal) ist die **VHV Vereinigte Haftpflichtversicherung** mit dem Jahresbeitrag von

62 Mark

Folgende Gesellschaften sind auch preiswert:

Ansvar für organisierte Alkoholabstinente,	**53 Mark**
WGV Schwäbische Allgemeine, nur Württemberg,	**53 Mark**
Itzehoer Verein, vorwiegend Norddeutschland,	**58 Mark**
Medien Vers., überregional	**62 Mark**
Sach- und Haftpflicht d. Bäckerhandwerks, überregional	**66 Mark**
Debeka, überregional	**75 Mark**
Haftpflichtverband, überregional	**73 Mark**
LMV Münster, überregional	**79 Mark**
Europa, überregional	**79 Mark**

Kostspielige Gesellschaften verlangen für gleiche Leistungen **über 110 Mark. Der Teuerste 137 Mark.**

Billigere Tarife gibt es für den öffentlichen Dienst. Auch Anfragen über Vereine, Firmen, Berufsverbände und Organisationen können sich lohnen, da oft für den Privatbereich Gruppentarife zu Tiefstpreisen offeriert werden.

Beachtliche **Beitragsrückvergütungen** gewähren regelmäßig insbesondere Versicherungsvereine bis zu 20% der Prämie.

Versicherungsbestand und Kündigung:

Einem Vertrag liegen die "Allgemeine Versicherungsbedingungen für die Haftpflicht" **(AHB)** und **ergänzend "Besondere Bedingungen"** zugrunde. Diese Bedingungen wurden in den letzten Jahren unterschiedlich – teils gegen Aufpreis – erweitert und verbessert:

- Mietsachschäden, also in gemieteten Wohnungen bei fest eingebauten Gegenständen wie Waschbecken
- häusliche Abwässer, beispielsweise Schäden durch defekte Wasserleitungen
- Haftpflichtschutz im Ausland, falls der Aufenthalt nicht länger als ein Jahr dauert
- Ansprüche von nahen Verwandten, wenn diese nicht in häuslicher Gemeinschaft leben
- Vertragsweiterführung beim Tod des Versicherten bis zur nächsten Beitragsfälligkeit.

Sollten Sie einen Altvertrag haben, empfiehlt es sich, die Neufassung (falls nicht vorhanden) anzufordern, sowie anzufragen, welche "Besonderen Bedingungen" für den bestehenden Vertrag gelten. Abweichungen, die keine Vorteile bringen, brauchen Sie jedoch nicht anzuerkennen, besonders wenn es mehr Geld kostet.

Ein Schadensfall ist spätestens innerhalb einer Woche schriftlich zu melden. Gegen Mahnbescheide muß sofort Widerspruch eingelegt werden. Der Versicherer prüft dann, ob eine Forderung zu Recht besteht. Erklärungen zur Schadensersatzpflicht sollten Sie Ihrer Versicherung überlassen. Durch Formfehler könnten Sie sonst auf Ansprüchen sitzen bleiben.

Die Vertragslaufzeiten der privaten Haftpflicht sind häufig 5 bis 10 Jahre. Da es keinen Nachlaß (wie in anderen Sparten) gibt, sollten Sie möglichst kurze Laufzeiten vereinbaren. Günstige Gesellschaften schließen in der Regel nur Jahresverträge ab, die sich dann von Jahr zu Jahr verlängern, falls diese nicht 3 Monate vorher gekündigt werden.

Ein Vertrag kann vorzeitig gekündigt werden, wenn sich der Beitrag im Jahr um über 10% erhöht, oder innerhalb von 3 Jahren über 20%. Nach der mitgeteilten Preiserhöhung sollte das Kündigungsschreiben innerhalb eines Monats beim Versicherer sein. Eine Beitragsangleichung nach oben (oder unten) ist jedes Jahr gestattet, je nachdem wie der Schadensverlauf war.

Ein beiderseitiges Kündigungsrecht besteht nach jedem Schadensfall, nachdem dieser abgewickelt ist oder abgelehnt wurde. Obwohl der Kunde mit sofortiger Wirkung kündigen darf, gibt es die bezahlte Prämie nicht zurück. Damit das Geld nicht für die Katz war, hilft nur ein Warten bis zum Ende des laufenden Versicherungsjahres.

Besondere Hinweise und Tips:

Alleinstehende zahlen in aller Regel die gleichen Prämien wie Familien. Trotzdem könnte auf Anfrage auch bei bestehenden Verträgen ein Nachlaß eingeräumt werden. Die im Angebot befindlichen "Single-Policen" sind gegenüber den sogenannten "Kellerpreisen" kaum günstiger.

Für Jugendliche mit eigenem Einkommen werden Vorzugsbeiträge angeboten. Allerdings mit niedrigeren Deckungssummen für Sachschäden. Sobald jedoch die Altersgrenze – meist mit 25 Jahren – erreicht ist, wird die Haftpflicht automatisch zum normalen Erwachsenentarif weitergeführt. Eine Strategie, die sich für den Versicherer auf lange Sicht bezahlt macht.

Die Haftpflichtversicherer müssen sich häufig mit abgesprochenen lockeren Schuldbekenntnissen aus "wilden Ehen" herumschlagen. Falls ein Paar verschiedene Policen hat, können rechtlich auch gegenseitig Ansprüche gestellt werden. Deshalb dürfte es den Gesellschaften daran gelegen sein, daß ständige Lebensgefährten sich auf eine gemeinsame Haftpflicht einigen. Wie bei einer Heirat, wird der Partner ohne Zuschlag in den bestehenden Vertrag mitaufgenommen. Üblicherweise erlischt der zuletzt abgeschlossene Vertrag. Der kostenlos Mitversicherte kann dann den gezahlten Beitrag anteilmäßig zurückverlangen.

Um sich von preisgünstigen Versicherern zu unterscheiden, werden Hochpreistarife mit Leistungserweiterung kaschiert. Also Verbesserungen, die selten beansprucht werden oder für wenige interessant sind. So versuchen manche mit Hafteinschluß von Surfbrettern, Modellflugzeugen etc., für die Betreuung fremder Hunde oder an gemieteten Gegenständen mehr Geld in die Kassen zu bekommen.

Arbeitnehmer, die während und durch ihre Tätigkeit Haftpflichtschäden verschulden, sind normalerweise über den Arbeitgeber versichert. Dafür ist dann die Betriebshaftpflicht zuständig.

Kinder unter 7 Jahre sind nur über die Eltern versichert, wenn diese die Aufsichtspflicht verletzen. Haben andere Personen die vorübergehende Obhut, dann sind diese haftbar und müssen ihre Haftpflichtversicherung heranziehen.

Von den Versicherern wird häufig die **soziale Funktion** der Privathaftpflicht herausgestellt, da diese auch Schäden durch **grobe Fahrlässigkeit deckt.** In anderen Sparten werden nur Schäden bei einfacher Fahrlässigkeit ersetzt. In der Praxis sieht es allerdings anders aus. Forderungen und Ansprüche von Geschädigten werden ganz penibel geprüft und Vorschüsse gezielt verzögert. Auch hinsichtlich der Höhe eines angemessenen Schadensausgleiches erhalten beispielsweise verunglückte Hausfrauen – wenn überhaupt ! – ganz geringe Entschädigungszahlungen, falls ihre Arbeitsleistung erheblich beeinträchtigt wird.

Alle privaten Haftpflichtversicherungen sind als Sonderausgaben von der Lohn- oder Einkommensteuer absetzbar.

Tierhalter-Haftpflichtversicherung

In der privaten Haftpflicht sind nur Haustiere und gezähmte Kleintiere mitversichert. **Hund und Pferd** gelten als erhöhtes Risiko und sind **extra zu versichern.** Tiere sind manchmal unberechenbar, sie können Körperverletzungen oder Verkehrsunfälle verursachen. Der Halter ist verantwortlich für alle eventuellen Schadensansprüche, die sein Tier anrichtet. Die Haftung ist insoweit verschärft, da er ohne eigenes Verschulden ersatzpflichtig wird. Geschädigte müssen bei einem Eigen- oder Mitverschulden damit rechnen, daß Forderungen gemindert bzw. ausgeschlossen werden. Die Kosten in einem Streitfall trägt dann die Tier-Haftpflicht.

Die Versicherungssumme beträgt in der Regel 1 Million für Personen- und Sachschäden. Mit der Begründung, daß bei Haftungsfällen das Verhalten von Mensch und Tier schwer zu unterscheiden seien, versichern manche Gesellschaften Tiere nur gemeinsam mit der Privathaftpflicht.

Bei den genannten günstigen Privathaftpflichtversicherern kostet die Jahresprämie

je Hund ab 90 Mark
je Reit- und Zugpferd ab 137 Mark

Es werden über Vereine teilweise noch billigere Tarife angeboten. Auch Tiere haben durch den "Öffentlichen Dienst" vorteilhaftere Tarife als die Tiere von Normalbürgern.

Teure Gesellschaften wollen bei dem gleichen Risiko der Haftpflicht für **Hunde in der Regel ab 120 bis 220 Mark** und für **Pferde etwa 240 bis 420 Mark.**

Obwohl Gefahren, die von Tieren ausgehen, recht unterschiedlich sind (z.B. kleiner Schoßhund zum Schäferhund), kostet das Risiko immer den gleichen Preis. Den Versicherer interessieren also keine Merkmale oder ein Tierwechsel. Nur sind alle Tiere einzeln zu versichern. Bei Tod oder Verkauf erlischt die Police, und anteilige Beiträge gibt es dann zurück.

Haus- und Grundstücksbesitzer-Haftpflichtversicherung

Eigentümer von vermieteten Häusern und unbebauten Grundstücken können sich über diese zusätzliche Haftpflicht schützen. Bei Eigentumswohnungen, die betreut werden, hat der Verwalter in der Regel eine Objekthaftpflicht abgeschlossen. In **selbstbewohnten Einfamilienhäusern und Eigentumswohnungen** ist die Absicherung **im Rahmen der Privathaftpflicht** eingeschlossen. Somit gibt es bei Eigentumswohnungen häufig Doppelversicherungen. Neuerdings können auch bis 3 Einzelräume untervermietet werden, ohne daß die Privathaftpflicht für Eigenheime verloren geht.

Schadensersatzansprüche, wie herabfallende Dachziegel, Ausrutschen bei Glatteis, oder vom eigenen Haus übergreifende Brände, sind mit dieser Versicherung, einschließlich möglicher Rechtsstreitigkeiten, abgedeckt.

Die Höhe der Jahresbeiträge richtet sich nach dem Bruttojahresmietwert bzw. Bruttojahrespachtwert, also den erzielten Einnahmen. Als Deckungssummen sind überwiegend 1 Million / 300.000 Mark für Personen- und Sachschäden vorgegeben. Oder als Pauschale: 1 Million mit einem Aufpreis von ca. 10%. Außerdem gibt es Einzeltarife für Wohnungen und Garagen.

Die erwähnten günstigen Versicherer haben Jahresbeiträge bis 20.000 Mark Bruttowert je angefangenen 1.000 Mark Bruttoeinnahmen für die Deckungssumme 1 Million **ab 4,20 Mark** pauschal.

Preiswerter ist noch die **Grundeigentümer-Versicherung** bei 1 Million pauschal: **3,30 Mark.**

Teure Versicherungen lassen sich das vergleichbare Haftrisiko mit folgenden Beiträgen bezahlen:

ca. 10 Mark bis 12 Mark.

Öltank-Haftpflichtversicherung

Bei Gewässerschäden als Folge von Ölverschmutzungen haftet der Öltankbesitzer in unbegrenzter Höhe. Ein unbemerktes Leck im Öltank kann sehr teuer werden. Dies gilt vor allem, wenn der Tank in der Erde eingegraben ist und Öl in das Grundwasser gelangt. Heizöltanks im Keller und in der vorgeschriebenen öldichten Wanne ergeben kein so hohes Risiko, was sich auch preislich auswirkt.

Mit der Haftpflicht sind Eigenschäden am Haus (z.B. eingedrungenes Öl in Boden und Wände) gedeckt. Allerdings meist nur mit einer Selbstbeteiligung von ca. 500 Mark bzw. prozentual, was bei hohem Renovierungsaufwand nachteilig sein kann.

Die Versicherungssumme ist meistens pauschal auf 1 Million für Personen- und Sachschäden begrenzt. Unterschiedliche Jahresbeiträge ergeben sich aus der Lage und Größe des Öltanks.

Genannte preiswerte Versicherer haben Jahresprämien:

oberirdische Tanks bis 5.000 l **ab 44 Mark**
unterirdische Tanks bis 10.000 l **ab 75 Mark.**

Teure Unternehmen verlangen bei vergleichbarer Schadensabdeckung
ca. **120 bis 160 Mark** (oberirdisch
ca. **250 bis 300 Mark** (unterirdisch)

Wassersport-Fahrzeug-Haftpflichtversicherung

Die Privathaftpflicht deckt alle Boote ohne Motor und Segel ab. Paddeln, Rudern, Kanufahren ist wie beim Mitsegeln auf fremden Schiffen mitversichert. Besitzer von Motor- und Segelbooten können gegen die Gefahren – verschuldet oder unverschuldet in Schadensersatzansprüche verwickelt zu werden – eine spezielle Versicherung abschließen. Auch Surfbretter gelten für die Versicherer als besonderes Haftrisiko. In manchen Surfrevieren kann der Sport nur ausgeübt werden, wenn eine Haftpflichtbescheinigung vorgelegt wird.

Die Deckungssummen für den Wassersport beginnen bei 1 Million für Personenschäden und 300.000 Mark für Sachschäden. Höhere Summen sind 1 oder 2 Millionen pauschal. Oft werden auch Vermögensschäden miteingeschlossen. Die Tarife für Boote sind sehr unterschiedlich gestaffelt, je nach Motorstärke und Segelfläche.
Ein **Surfer** kann meist 3 Bretter in einem Vertrag zum gleichen Pauschalpreis einschließen. Mit der Haftungssumme 1 Million / 300.000 Mark haben günstige Beiträge:

HUK-Coburg Allgemeine	**42 Mark**
VHV Vereinigte Haftpflicht Versicherung	**49 Mark**
DEVK Allgemeine	**53 Mark**

Die teuren Gesellschaften nehmen bei der gleichen Haftsumme zum Teil **über 70 Mark.**

Fazit: Bei allen Haftpflichtversicherungen kann es verkehrt sein, wegen ein paar Mark mit der Versicherungssumme zu knausern, denn Schadensersatzansprüche können recht erheblich sein. Manche Gesellschaften wollen einzelne Zusatzrisiken nur in Verbindung mit der Privathaftpflicht eingehen. Vielfach ist dies jedoch Verhandlungssache. Kaum eine Versicherung hat in allen Haftpflichtsparten eine durchweg günstige Preisgestaltung. Durch die enormen Prämienunterschiede lassen sich auf Dauer – ohne Nachteile – erhebliche Summen einsparen.

Private Unfallversicherungen

Vor einem Unfall ist niemand gefeit. Die finanziellen Probleme eines schweren Unfalls können nicht nur für den Verletzten selbst, sondern auch für seine Familie schlimme Konsequenzen haben. Durch die Unfallversicherung mit entsprechend hoher Kapitalauszahlung kann man die Unfallfolgen zumindest materiell ganz gut überstehen. Völlige Arbeitsunfähigkeit führt oft zu Abhängigkeiten, die nicht sein müssen. So die gewichtigen Argumente der Unfallversicherer.

Eine Unfallversicherung springt ein, wenn dauernde Beeinträchtigungen der Leistungs-(Arbeits)fähigkeit eingetreten sind. Sie bietet nur eine Teilabsicherung, denn bei wiederherstellbaren Schäden wird nicht gezahlt. Reduziert auf das finanzielle Unfallrisiko können die Beiträge vergleichsweise niedrig gehalten werden. Der Schutz gilt auf der ganzen Welt, rund um die Uhr, zu Wasser und in der Luft. Bei allen Gelegenheiten, wie Freizeit, Sport, Haushalt, im Straßenverkehr und je nach Vereinbarung auch während der Arbeit.

Die gesetzliche Unfallversicherung hat große Maschen. Über die Berufsgenossenschaft ist man nur während der beruflichen Tätigkeit und auf dem Weg zur Arbeit versichert. Bei folgenschweren Unfällen am Wochenende oder im Urlaub zahlt die gesetzliche Sozialversicherung meist nur geringe Invaliditätsrenten. Zahlungen aus der privaten Unfallversicherung werden für Entschädigungen nicht angerechnet.

Da es für Hausfrauen keine Berufsgenossenschaft und kaum andere Risikoabsicherungen gibt, kann eine Unfallversicherung wichtig sein. Ebenso für Kinder, die durch schwere Unfälle für eine spätere Berufsausübung behindert sein können. Die Eltern müßten dann im Extremfall lebenslang für den Unterhalt aufkommen. Schüler sind nur auf dem Schulweg und in der Schule gesetzlich unfallversichert.

Vordringlicher für Berufsanfänger und den Haupternährer einer Familie wäre **statt einer Unfallversicherung die Absicherung der Erwerbsfähigkeit.** Nach der Statistik haben Unfälle bei einer Berufsunfähigkeit nur einen Anteil von 7,3%. Krankheiten sind also überwiegend die Ursache, daß ein Beruf nicht mehr ausgeübt werden kann, und somit auch kein Geld verdient wird. **Näheres unter Berufsunfähigkeits-Versicherung (BUV).**

Versicherungssummen und Beitragsvergleich:

Die höchste Summe der Unfallversicherung beträgt in der Regel 500.000 Mark und kann unter diesem Betrag frei gewählt werden. Die Leistungen unterteilen sich in Invalidität und Unfalltod. Des weiteren werden Extras, wie Übergangsentschädigung, Heilkosten und Krankenhaustagegeld mit Genesungsgeld, angeboten.

Bei Alleinstehenden kann das Todesfallrisiko entfallen. Auch bei Familien sollte der reine Unfalltod niedrig, oder besser überhaupt nicht versichert sein. Denn günstiger wird diese Art Vorsorge über eine Risiko-Lebensversicherung abgedeckt; dann ist es nämlich egal, ob der Todesfall durch Unfall oder Krankheit eingetreten ist.

Um Überversicherungen zu vermeiden, sollten Sie auf Heilkostenzuschuß und Tagegelder bei Unfallfolgen verzichten. Die Krankenkassen müssen sowieso auch die Heilkosten tragen. Als überflüssige Ausgaben könnten auch das Krankenhaustagegeld und Übergangsentschädigungen eingestuft werden. Die Unfallpolice soll schließlich nur für den Notfall Lücken füllen, und nicht das Guthaben mehren. Außerdem sind diese Extras nicht billig.

Wichtig ist die Wahl der angemessenen Versicherungssumme für Invalidität. Bei der Ermittlung sollten Sie das vorhandene Vermögen miteinbeziehen. Für junge Leute wäre es sinnvoll, wegen zunächst geringer Renten, auf die Unfallversicherung eventuell zugunsten einer Berufsunfähigkeits-Versicherung zu verzichten. Oder aus Kostengründen beide Versicherungen zu kombinieren.

Die Versicherungssumme könnte ungefähr bei einem 30-jährigen Arbeitnehmer das 8-fache Jahreseinkommen sein. Mit 50 Jahren dürfte der 4fache Jahresverdienst als Deckung ausreichen, da mit zunehmendem Alter die Rentenansprüche steigen, und die Verpflichtungen gegenüber Kindern abnehmen.

Anders herum gerechnet, erreichen Sie aus der Versicherungssumme bei Ganzinvalidität von 200.000 Mark durch Verzinsung ein monatliches Zusatzeinkommen von etwa 1.000 Mark, ohne daß das Kapital angegriffen wird. Die Inflation müßte dabei noch berücksichtigt werden.

Daraus ergeben sich aus den Deckungssummen folgende Monatseinkünfte bei 6% Verzinsung:

30 Jahre	200.000 Mark =	1 000 Mark	Rente
40 Jahre	150.000 Mark =	750 Mark	Rente
50 Jahre	120.000 Mark =	600 Mark	Rente

Bei einem Monatsbedarf von 2.000 Mark aus der Unfallversicherung müßte ein 30-jähriger die Versicherungssumme verdoppeln.

Anstelle eines Kapitalbetrages kann bei dauernder Arbeitsunfähigkeit eine Rentenzahlung vereinbart werden. Die Rentenhöhe, festgelegt nach den Allgemeinen Unfallversicherungs-Bedingungen (AUB), ist für den Regelfall, von den Summen her, uninteressant.

Für berufstätige Ehefrauen könnten die gleichen Überlegungen gelten.

Hausfrauen sollten sich mit mindestens 50% der Versicherungssumme des Ehemannes absichern. Die Invaliditätssumme pro Kind müßte wenigstens 60.000 Mark betragen.

Für die Versicherungsleistung bei Teilinvalidität ist die **"Gliedertaxe"** maßgebend. Darin ist in Prozenten festgelegt, was bei Verlust oder völliger Gebrauchsunfähigkeit einzelner Organe gezahlt wird.

Beispielsweise je Organ:

Auge	bis	70%	Auge	30%
Hand	bis	55%	Gehör	15%
Mittelfinger		5%	Geruch	10%
Bein	bis	70%	Geschmack	5%
Fuß	bis	40%	kleine Zehe	2%
Ferse	bis	30%	große Zehe	5%

Die genannten Versicherungssummen können Sie fast halbieren, wenn Sie eine **"progressive" Invaliditätsstaffel** vereinbaren. Die Versicherungsleistung steigt ab 26% Beeinträchtigung um das Doppelte. Ab 50% Invaliditätsgrad wird der über 50% liegende Teil 3-fach bewertet. Bei Vollinvalidität beträgt die Entschädigung 225% der Grundversicherungssumme, also statt 100.000 Mark ist die Auszahlung 225.000 Mark. Durch diesen Zusatz lassen sich effektiv Beiträge einsparen, weil der Aufpreis geringer ist.

Der Beitrag für die Unfallversicherung richtet sich in der **Höhe nach dem Berufsrisiko:**

Gefahrengruppe A für kaufmännische Berufe und Hausfrauen

Gefahrengruppe B für körperliche Tätigkeiten

In den Versicherungsbedingungen sind die einzelnen Berufe mit der Risikogruppe detailliert aufgeführt. Besonders riskante Tätigkeiten (z.B. Artisten, Berufssportler) kosten mehr oder sind ganz ausgeklammert.

Enorme **Sparmöglichkeiten** ergeben sich, wenn **nur der Freizeitbereich** gegen Unfälle abgesichert ist. Viele Arbeitnehmer und Selbständige sind in der gesetzlichen Berufsgenossenschaft bei Arbeitsunfällen einigermaßen abgesichert. Allerdings gibt es schwierige rechtliche Abgrenzungen zwischen Freizeit und Arbeit. Zudem passieren in der Freizeit zwei Drittel aller Unfälle. Besonders in der "Gefahrengruppe B" reduzieren sich die Prämien oft mehr als die Hälfte.

Kinder bis zum 18. Lebensjahr werden in günstigere Tarife eingestuft. Ferner offerieren manche Unternehmen Rabatte bis zu 20% für Familien, sowie für Verwandte, die in der häuslichen Gemeinschaft leben. Bei jährlicher Zahlung erhält man auf Anfrage teils bis zu 10% Beitragsnachlaß.

Fast alle Versicherungen haben Mindestprämien festgelegt. In den Tarifen sind Bergungskosten, meist in der Höhe von 500 Mark pro Person, einkalkuliert.

Derzeit günstigster überregionaler Anbieter mit Vertreterservice ist die **Debeka** mit Jahresbeiträgen für eine Versicherungssumme je 1.000 Mark von:

Debeka:	**A**	**B**	**Kinder**	**Freizeit**
Unfalltod	–,60	–,96	–,60	–,48
Inv. ohne Progression	–,72	1,20	–,72	–,60
Inv. mit Progression	1,01	1,68	1,01	–,84

Preiswert bei Invalidität (Unfalltod meist preisgleich wie Unfall ohne Progression) sind folgende Versicherer:

Ansvar, für organisierte Alkoholabstinente:

ohne Progression	–,60	–,80	–,60	–,40
mit Progression	–,80	1,10	–,80	–,80

WGV Schwäbische Allgemeine, nur Württemberg:

ohne Progression	–,84	1,26	–,58	–
mit Progression	1,09	1,64	–,76	–

Württembergische und Badische, überregional:

ohne Progression	–,84	1,47	–,63	–,76
mit Progression	1,09	1,91	–,82	–,98

National Union, Direktversicherer überregional:

ohne Progression	–,84	1,05	–,58	–,63
mit Progression	1,05	1,31	–,79	–,79

Teilweise günstige Tarife haben:

Neu Rotterdam, Limmat, Medien, HUK-Coburg, Vereinigte Haftpflicht, Europa, General Accident.

Bei den **teuersten Gesellschaften** kostet der vergleichbare Schutz **ohne Progression A = 1,68 Mark und B = 2,94 Mark, mit Progression A = 2,22 Mark und B = 3,82 Mark.**

Für den öffentlichen Dienst gibt es billigere Tarife. Über Firmen und Verbände können im Rahmen von Gruppenverträgen besonders preiswerte Unfalltarife vereinbart werden.

Vor allem Versicherungsvereine gewähren satzungsgemäß **Beitragsrückvergütungen,** die die Jahresprämien noch erheblich verringern: bis zu 20%.

Versicherungsbestand und Kündigung:

Eine Unfallversicherung haben nur etwa 30% der Bundesbürger abgeschlossen. Vermutlich hat die Mehrheit bezüglich folgenschwerer Unfälle eine optimistische Einstellung, trotz gegenteiliger Versicherungswerbung.

Die hohen Leistungssummen bei Personenschäden verfälschen jedoch die tatsächlichen Zahlungen. Nach einem Unfall kann es ein böses Erwachen geben. **Über 90% aller Invaliditätsunfälle sind nach der "Gliedertaxe" bis 40% der Deckung eingestuft:**

So erhält man bei Verlust von Daumen und Zeigefinger anteilmäßig nur 30%, als Ausgleich für eine eventuelle Schreibunfähigkeit. Führt ein Unfall zu einer schweren Beinverletzung, die bleibende Gehbeschwerden verursacht, gibt es unter Umständen keinen Pfennig, wenn die völlige Gebrauchsunfähigkeit des Beines nicht nachgewiesen wird. Streitereien mit der Versicherung sind dann vorprogrammiert.

In den Allgemeinen Unfallversicherungs-Bedingungen **(AUB)** sind hohe Hürden für Leistungsansprüche eingebaut. Durch Bestimmungen über die Art, Voraussetzung und Einschränkungen, sowie durch Risikoausschlüsse, sind die Unfallversicherer gut geschützt. Die Fallstricke der **AUB** können als "wahre Verteidigungsanlagen" angesehen werden:

Danach wird ein Unfall auch als Unfall anerkannt, wenn folgende Umstände zutreffen: "Der Versicherte hat durch ein plötzlich von außen auf seinen Körper wirkendes Ereignis unfreiwillig eine Gesundheitsschädigung erlitten". Hat der Versicherer ein Haar in der (Unfall)-Suppe gefunden, sind Streitigkeiten oft unausweichlich. Ein Ärzteausschuß kann in Aktion treten und Entscheidungen verzögern sich.

Wie verbraucherfeindlich die Unfallversicherung mit der "Gliedertaxe" konzipiert ist, belegen die Durchschnittskosten hierfür. Für Personenschäden geben alle Versicherungen von einer Mark Einnahme nur etwa 45 Pfennige aus. Fürwahr ein gutes Geschäft mit der Angst.

Falls Sie bereits eine Unfallversicherung haben, empfiehlt es sich, diese den geänderten Bedürfnissen und neuen Erkenntnissen anzupassen. Besonders lohnt es sich, wenn Sie einen teuren Vertrag besitzen, der noch lange läuft, und Sie über eine Vertragsänderung die Beiträge drastisch verringern. Notfalls könnten Sie bei einem anderen Unternehmen einen preisgünstigeren Abschluß tätigen, um so einen Ausgleich zu schaffen.

Die Beitragshöhe der Unfallversicherung ist nicht an ein Alter gebunden. Doch werden nur Versicherungswillige aufgenommen, die gesund sind und maximal bis zum 70. Lebensjahr. Alle behandelnden Ärzte werden mit einem Versicherungsantrag, bis über den Tod des Versicherten hinaus, von der Schweigepflicht entbunden. Mit Fragen zu der Gesundheit und nach anderweitigen Unfallversicherungen wird das Risiko im Antragsstadium eingegrenzt. Ab dem 65. Lebensjahr werden nur noch Rentenzahlungen bei Invalidität gewährt, auch wenn Kapitalzahlungen vereinbart sind.

Bis zur Volljährigkeit sind Kinder in der Familie billig mitversichert. Danach gelten automatisch die Erwachsenentarife. Änderungen in der beruflichen Tätigkeit (Gruppe A oder B) müssen gemeldet werden, um den Versicherungsschutz nicht zu riskieren. Zu den sogenannten Obliegenheiten gehört, einen Unfall unverzüglich zu melden und sich in ärztliche Obhut zu begeben.

Bei der Unfallversicherung gelten die üblichen Fristen für eine Kündigung. Ein Ausstieg ist 3 Monate vor Ende der Vertragslaufzeit möglich. Eine außerordentliche Kündigung ist gestattet bei einer Prämienerhöhung von über 10% innerhalb eines Jahres; bzw. über 20% in der Zeit von 3 Jahren. Sowie nach einem Unfall innerhalb von 4 Wochen - egal ob eine Schädigung reguliert oder abgelehnt wurde. Da es keine bezahlten Beiträge zurückgibt, wird die Kündigung bis zum Auslaufen des Versicherungsjahres wirksam.

Die Laufzeit der Verträge beträgt in der Regel 5 bis 10 Jahre, ohne daß ein Nachlaß gewährt wird. Hauptsächlich teure Gesellschaften verlangen einen Zuschlag für Einjahresverträge. Dagegen können häufig mit preisgünstigen Versicherern einjährige Bindungen vereinbart werden, die sich ohne Kündigung automatisch jedes Jahr verlängern.

Besondere Hinweise und Tips:

Bei der Unfallversicherung ist es sinnvoll, **nur die Invalidität** so hoch wie möglich abzudecken. Alle anderen Extras sind hier meist unnötig und teuer bzw. günstiger mit einer höheren Deckungssumme abgesichert.

Die **progressive Invaliditätsstaffel** sollte nur **mit 25% beginnen,** diese Form ist insgesamt gerechnet immer **preisgünstiger.** Häufig werden Progressionen ab 90% Invalidität mit dem Doppelten der vereinbarten Versicherungssumme angeboten. Die großen Zahlungen erfolgen in der Praxis recht selten. Im Klartext bedeutet dies, daß man halb tot sein muß, um mehr Geld zu bekommen. Unter dem Strich muß dafür relativ viel bezahlt werden.

Die Inhaber von Kreditkarten (Plastikgeld) sind oft auf Reisen automatisch auch gegen Unfälle mitversichert. Der Invaliditätsgrad ist aber sehr hoch angesetzt, daß tatsächlich kaum Auszahlungen zum Tragen kommen.

Planmäßige Beitragsanpassungen und somit höhere Deckungssummen mit "Dynamik", als Zusatzvereinbarung, entsprechen nicht dem allgemeinen Bedarf, da dieser mit zunehmendem Alter niedriger wird. Die "Dynamik" kann man auch bei langen Laufzeiten ausklammern.

Angebote mit "Prämienrückgewährung" bei Unfallversicherungen (UPR) beinhalten einen verkappten Sparvertrag, mit niedriger Verzinsung. Durch die überhöhte Beitragszahlung ist der Versicherungsschutz oft nebensächlich, denn etwa 80% werden gespart. Die Verträge haben lange Laufzeiten (ab 12 Jahre) und die Verkaufsargumente sind ähnlich denen der Kapitallebensversicherung. Die "Unfallversicherung mit Prämienrückgewährung" beschert den Versicherern allzu satte Gewinne ohne entsprechende Versicherungsleistung. Kündigungsmöglichkeit besteht jedes Jahr, jedoch mit herben Verlusten der angesparten Beiträge (siehe auch Kapital-Lebensversicherung).

Der Versicherungsschutz geht verloren bei Unfällen mit Vorsatz, und durch Bewußtseinsstörungen, wie Trunkenheit. Ausgeschlossen sind Personenschäden, die aus Demonstrationen, Unruhen und Kriegsereignissen resultieren.

Gegen Zuschlag kann für Ärzte und Heilpraktiker eine verbesserte "Gliedertaxe" vereinbart werden. Anstelle 55% bei Verlust einer Hand, wird 100% Invalidität anerkannt. Eine höher eingestufte "Gliedertaxe" ist dem Normalbürger leider verwehrt.

Durch eine entsprechende private Unfallversicherung wird eine Auto-Insassen-Unfallversicherung überflüssig. Die Mitfahrer sind über die obligatorische Autohaftpflicht-Versicherung abgedeckt.

Besonders Jugendliche werden von skrupellosen Vertriebsorganisationen gezielt angepeilt, um über den niedrigen Sozialversicherungsanspruch, Unfallversicherungen zu verhökern. Oft sind diese Angebote ein raffiniert aufbereitetes Gebräu mit Lebensversicherungen und Bausparverträgen, sowie fein abgestimmten Teilauszahlungsbeträgen; gewissermaßen als Belohnung für hohe Beitragszahlungen.

Die Prämien zur Unfallversicherung sind steuerlich als Sonderausgaben absetzbar. Selbständige sollten die private Unfallversicherung nicht als Geschäftsausgabe verbuchen, da Entschädigungen sonst versteuert werden müssen.

Kraftfahrzeug-Versicherungen:

An der KFZ-Haftpflichtversicherung kommt kein Halter von Fahrzeugen mit Motorkraft vorbei. Alle werden pflichtversichert. Ebenso wie Besitzer von Wohnanhängern. Dagegen sind Voll- und Teilkaskoversicherungen sowie die Insassen-Unfallversicherung freiwillig, und diese können bei verschiedenen Gesellschaften abgeschlossen werden.

Durch die obligatorische **Haftpflichtversicherung** werden Sie von Ansprüchen Geschädigter und Verletzter geschützt. Das heißt, der eigene Versicherer erstattet im Schuldfall die Unfallfolgen des Kontrahenten. Mögliche unberechtigte Forderungen von Unfallgegnern sind über die Haftpflicht auch abgedeckt, somit für Sie eine **Art Mini-Rechtsschutzversicherung,** mit der Anwalts-, Prozeß- und Gutachterkosten bezahlt werden. Nur eigene Ansprüche gelten als Privatangelegenheiten.

Die **Teilkaskoversicherung** deckt alle Schäden am eigenen Fahrzeug, die durch Diebstahl, Brand, Hagel, Sturm, Überschwemmung, Glasbruch oder Haarwild entstehen. Mit einer **Vollkaskopolice** werden zusätzlich auch Reparaturkosten bei selbstverschuldeten Unfällen ersetzt. Ferner wird der eigene Schaden bei Unfallflucht des Gegners bezahlt.

Eine **Insassen-Unfallversicherung** bietet nur auf das Autofahren begrenzten Schutz. Und nur wenn niemanden ein Verschulden trifft, also durch "unabwendbare Ereignisse" verursachte Unfälle (z.B. geplatzter Reifen, Tiere). Alle anderen Unfallrisiken sind oder können über andere Sparten besser und umfassender abgesichert werden.

Bei dem Geschäft der Versicherer mit den Autofahrern geht es um einen riesigen Kuchen von über 20 Milliarden Mark. Trotz steigender Reparaturkosten wird an den Prämienzahlungen sicherlich gut verdient. Immer mehr Gesellschaften erstatten Beitragsüberschüsse. Ob nur satzungsgemäß oder auch aus Konkurrenzgründen, das ist die Frage. Nachdem das Bundesamt für Versicherungswesen, als staatliche Kontrolle, einen kräftigen Preiszuschlag ab 1985 erlaubte, gab es ein Jahr später einen Rekord in der Prämienrückerstattung. Der Beweis, daß zuviel kassiert wurde, belegt die langfristig rückläufige Unfallhäufigkeit und die Gurtanlegepflicht mit verringerten Personenschäden. Gleichwohl wird bestimmt bald wieder versucht, an der Haftpflicht-Preisschraube zu drehen, sobald sich in der Statistik etwas ändert. So geschehen bei den Kaskotarifen mit saftigen Verteuerungen.

Etablierte Versicherungsgesellschaften mit kostspieligen Vertreterheeren versuchen über "Töchter" ein größeres Stück vom Kuchen zu bekommen. Im Direktvertrieb - als Postkartenversicherer - werden über Anzeigen und Tiefstpreisen die Kunden angelockt. Böswillige behaupten sogar, daß diese Lockangebote nur "Futter" für den Außendienst der "Mütter" sind, für noch lukrativere Bereiche, wie etwa die Kapital-Lebensversicherung.

Versicherungssummen und Beitragsvergleich:

Die gesetzliche Mindest-Versicherungssumme bei der Haftpflicht beträgt 1 Million für Personenschäden, 400.000 für Sachschäden und 40.000 Mark für Vermögensschäden. Gegen einen äußerst geringen Zuschlag kann man sich für 2 Millionen pauschal versichern. Für einen unbegrenzten Dekkungsschutz müssen etwa 2% mehr bezahlt werden. In der Regel dürfte eine Summe mit 2 Millionen pauschal ausreichend sein.

In keinem anderen Versicherungsbereich gibt es in den diversen Zeitschriften mehr Vergleiche über Tarife und Rückvergütungen als bei der Haftpflicht. Dabei können die Preisdifferenzen einzelner Versicherer auf den ersten Blick bescheiden wirken, doch unter dem Strich kommt meist eine hübsche Summe als regelmäßige Ersparnis heraus. Die Leistungen sind, wie in fast allen Versicherungszweigen, offiziell gleich, d.h. über allgemeine Bedingungen (AKB) bundeseinheitlich geregelt. Durch die vielen, im Preis wirksamen Abstufungen, in Gebietsregionen, PS-Stärken und Versicherungssummen bei der **Haftpflicht** fällt es schwer, Preisvergleiche anzustellen. Vor allem, wenn die **Voll- und Teilkaskoversicherung** mit je 30 Risikoklassen mit und ohne Selbstbeteiligung miteinbezogen wird. Außerdem gibt es noch Preisverschiebungen wegen **Schadenfreiheitsrabatten** und **Beitragsrückvergütungen.** Bei Anfängern mit geringem Rabatt kann ein Versicherer X das preisgünstigste Angebot vorlegen, während ein Autofahrer mit hohem Rabattsatz mit einer anderen Gesellschaft wesentlich billiger fährt.

Derzeit durchschnittlich günstigster überregionaler Anbieter mit Niederlassungsservice im Haftpflicht- und Kaskobereich ist die

VHV Vereinigte Haftpflicht Versicherung

Noch preiswerter versichert im ehemaligen Land Württemberg mit Hohenzollern die

WGV Schwäbische Allgemeine

Preisgünstig sind auch folgende Gesellschaften, die jeden Autofahrer annehmen müssen:

- HUK-Coburg
- Deutsche Allgemeine
- Europa
- Auto-Direkt
- DEVK Allgemeine
- Condor
- Telcon
- Dialog
- Haftpflichtverband
- Patria
- LVM-Versicherungen
- Universa

Teure Versicherungsgesellschaften liegen mit vergleichbarer Leistung bei der Haftpflicht teilweise **über 16%** zu den günstigen Konkurrenten. Wenn jedoch die Voll- oder Teilkasko mitgerechnet wird, können die Preisunterschiede, je nach Autotyp, im Extremfall sich auf **über 2.000 Mark** pro Jahr addieren.

Für den öffentlichen Dienst bieten neben den genannten Gesellschaften auch noch regionale Versicherer günstige Spezialtarife an. Ferner haben berufsständige Spezialversicherungen über Firmen und Verbände preiswerte Policen.

Zweiradfahrzeuge mit Motor sind wie Autos zwangsversichert. Zwischen den einzelnen Zweiradtypen liegen in der Preisabstufung Welten. Je nach der statistischen Schadenshäufigkeit werden die Haftpflicht- und Kaskoprämien flexibel angepaßt. Den Anfang machen Mofas/Mopeds mit ca. 100 Mark für Haftpflicht und 40 Mark für Teilkasko. Weiterhin kosten Motorräder/-roller bis 10 PS ca. 190 + 50 Mark und schwere Maschinen ab 50 PS ca. 1.100 + 500 Mark. Relativ teuer wurden die kleinen Flitzer: Kleinkrafträder ca. 800 + 330 Mark. Die genannten Circa-Tiefpreise gelten für 100% Jahresbeitrag mit 2 Millionen Mark Deckungssumme bei der Haftpflicht sowie die Teilkaskoprämien mit 300 Mark Selbstbeteiligung. Wegen der hohen Beiträge ist die Vollkasko meist wenig sinnvoll und wird auch selten abgeschlossen. Die Rückstufung für unfallfreies Fahren geht bei Motorrädern schneller: In 3 Jahren hat man 50% erreicht. Bei Zweirädern sind die genannten günstigen Autoversicherer nur zum Teil preiswert. Tiefpreise werden in diesem Spezialbereich besonders von folgenden überregionalen Gesellschaften offeriert:

General Accident, Garanta, Neckura

Auch für Zweiräder zahlen Staatsangestellte durch einen Beamtentarif weniger. Über verschiedene Regionalversicherer und Vereine lassen sich oft günstige Beiträge erzielen.

Versicherungsbestand und Kündigung:

Beim Vergleich der bestehenden KFZ-Versicherung mit anderen Angeboten sollten Sie einige Dinge beachten:

Die zu zahlende Prämie der **Haftpflichtversicherung** setzt sich aus der Stärke des Wagens (KW oder PS), Versicherungssumme, Wohnort, Schadensfreiheitsrabatt, Zahlungsweise, eventuell Beruf und Verwendung zusammen. Mit Hilfe der Versicherungsunterlagen des vorhandenen Fahrzeuges lassen sich die effektiven Preisunterschiede ermitteln.

Der **Vollkaskopreis** ergibt sich aus dem Autotyp nach einer Klasseneinteilung, des erreichten Schadensfreiheitsrabattes und der gewählten Selbstbeteiligung. In der **Teilkasko** entscheidet die Typenklasse des gefahrenen Wagens und die Selbstbeteiligung "mit oder ohne".

Seit 1986 ist durch die Einführung von Kaskoregionen der Preiswirrwarr komplett. Offiziell sollte wegen der Beitragsgerechtigkeit bundeseinheitlich Gebiete mit statistisch wenig oder vielen Kaskoschäden tariflich verschieden hoch eingestuft werden. Doch in der Praxis hielten sich nicht alle an die Verbandsempfehlung und reagierten flexibel. Inzwischen gibt es 4 bis 12 Regionen, die sich preislich erheblich unterscheiden. Im Großraum Stuttgart ist die Kasko am billigsten, dagegen stiegen die Tarife in Niederbayern ganz nach oben.

Die Preisunterschiede zwischen den Gesellschaften bei den **Kaskoversicherungen** sind extrem hoch, schlagen aber besonders bei der Vollkasko in absoluten Zahlen voll zu Buch. Bis auf schnelle Flitzer, die gern entwendet werden, kann die Teilkasko relativ wenig kosten. Bei beiden Kaskotypen gibt es selten eine **Rückvergütung durch Schadensfreiheit,** doch einige Versicherer gewähren auch hier bis zu **25% Nachlaß.**

Die Frage, ob Voll- oder Teilkasko, sollte sich nach dem Wagentyp, dem Schadensfreiheitsrabatt und vor allem nach dem Alter des Autos richten. Wer nur 40% der Basisprämie zahlt, kommt günstig zum Vollkaskoschutz. Eine Rolle kann die jährlich vorgenommene Typenklasseneinteilung spielen. Wenn sich die Einstufung eines Autotyps gewaltig ändert, wirkt sich dies auf den Geldbeutel aus. Genauso bedeutsam ist die Region, in der der Wagen angemeldet ist.

Für Verträge, die bis 1984 abgeschlossen wurden, ersetzt die Versicherung bei Totalschäden den Zeitwert (Händlereinkaufspreis) plus 25% bis zum aktuellen Neupreis. Ab 1985 zählt der Wiederbeschaffungswert, d.h. der Geschädigte erhält den Kaufpreis für ein gleichwertiges Fahrzeug. Da ein Erstbesitzer nur innerhalb von 2 Jahren ein neues Ersatzauto zum Listenpreis bekommt, lohnt sich für Gelegenheitsfahrer die Vollkasko nur in diesem Zeitraum. Die sogenannte Neuwertentschädigung gibt es, wenn die Reparatur 80% im ersten und 70% im zweiten Jahr des Neupreises kosten würde.

Da sich die Versicherungen wegen des Verwaltungsaufwandes ungern mit Kleinkram beschäftigen, wurden die Kaskotarife ohne Selbstbeteiligung drastisch angehoben. Von den Preisspannen her, dürfte es immer empfehlenswert sein, die Teilkasko mit Selbstbeteiligung abzuschließen.

Bei der Vollkasko gibt es neuerdings einen Zuschlag von 10%, falls die Selbstbeteiligung in der Teilkaskosparte mit 300 Mark ausgeschlossen wird. Auch im Vollkaskobereich ist es oft besser, kleine Schäden selbst zu begleichen. Eine Rabattrückstufung kann damit vermieden werden. Entsprechend niedrig bleibt der Tarif bei 650 bzw. 1.000 Mark Selbstbeteiligung.

Aus Kostengründen sollten Sie ganz auf Voll- und Teilkasko verzichten, wenn Sie beispielsweise einen älteren Golf GTI oder BMW fahren, denn sie werden wie begehrte Neuwagen sehr hoch eingestuft. Ab der Typenklasse 20 geht die Absicherung ins Geld, da die Versicherer leider nicht zwischen Alt- und Neuwagen unterscheiden. Der Diebstahl verursacht die häufigsten Kasko-Schadenszahlungen; dabei ganz vorne teure Autoradios, für die maximal 1.000 Mark erstattet wird.

In den KFZ-Tarifen ist ein totales Durcheinander. Annähernd eine halbe Million verschiedener Prämien sind möglich. Der Tarifdschungel ist völlig undurchsichtig. Die frühere Regel, daß eine günstige Haftpflichtversicherung auch billige Kaskotarife anbietet, hat keine Gültigkeit mehr. Deshalb kann es sich durchaus lohnen, die Haftpflicht und die Kasko bei verschiedenen Gesellschaften abzuschließen.

Um aus dem Dickicht die für Sie günstigen Tarife herauszufiltern, helfen nur möglichst viele **gezielte Anfragen** mit getrennter Preisstellung für Haftpflicht und Kasko. Folgende Angaben werden aus dem KFZ-Schein für ein unverbindliches Angebot benötigt:

Fahrzeughersteller	Amtliches Kennzeichen
Autotyp	Herstellerschlüssel-Nummer
Motorleistung in KW	Typenschlüssel-Nummer

Neben der Tarifgruppe (Normal oder Öffentlicher Dienst) sind anzugeben:

Haftpflicht:	Deckungssumme mit derzeitigem Schadenfreiheitsrabatt
Teilkasko:	mit oder ohne Selbstbeteiligung
Vollkasko:	Höhe der Selbstbeteiligung und Schadenfreiheitsrabatt

Außerdem wirken sich die in den vergangenen Jahren gewährten Beitragsrückvergütungen (getrennt nach Haftpflicht und Kasko) auf den Endpreis aus. Nach ihnen sollte ebenfalls gefragt werden. Schließlich können Sie auf weitere Nachlässe hoffen, wenn Sie zu dem folgenden Kreis gehören und dies in der Anfrage vermerken:

Behinderte bis zu 25% Sozialrabatt
Werksangehörige mit Jahreswagen bis 5% Nachlaß
Vorsteuerabzugs-Berechtigte (Selbständige) bis 10% Nachlaß
Flottenrabatt bis 5% bei mehreren Fahrzeugen
Wagen mit ABS-Bremssystem bis 10% Ermäßigung
Wagen mit Katalysator bis 25% Ermäßigung

Eine **Insassenunfall-Versicherung** hat jeder zweite Autofahrer in der Schublade. Viele wohl in dem Glauben, dies wäre für die Mitfahrer wichtig, oder nur für die eigene Sicherheit. Dafür sind lediglich ein paar Kreuzchen im KFZ-Haftpflichtantrag nötig. Selbst wer der Versuchung widersteht, bekommt dann von manchen Versicherern neben der normalen KFZ-Versicherungsabrechnung eine zweite Rechnung mit eingebauter Unfallversicherung. Garniert mit einem Begleitschreiben wird der Vorteil herausgestellt, daß immer bei Unfällen ohne Schuldfrage gezahlt wird. Selten fehlen auch Verbesserungsvorschläge, das "vorzügliche" Angebot mit Verdienstabsicherung, Krankenhaustagegeld und Heilkosten zu komplettieren. Für die Gesellschaft lohnt sich ein Abschluß sicherlich, für den Versicherten weniger. Etwa 25% der vereinnahmten Beiträge werden für Unfallregulierung aufgewendet. Das zeigt nicht nur, daß die Prämien kaum angemessen sind, sondern auch, daß Versicherte recht selten den Schutz brauchen. Die üblichen Tarife sind fast so hoch wie eine normale Unfallversicherung eines günstigen Anbieters. Damit erhält man einen Schutz rund um die Uhr - vergleichsweise zu der überflüssigen Miniabsicherung, die ganz selten greift. Über die KFZ-Haftpflicht werden alle Fahrzeuginsassen - auch Angehörige - entschädigt.

Mit den "Allgemeinen Bedingungen" **(AKB)** ist geregelt, was man für sein Geld im Schadensfall bekommt und was zu beachten ist. Wegen grober Fahrlässigkeit kann die Versicherung in der Haftpflicht nachträglich bis zu 5.000 Mark als Strafgeld verlangen. Wenn also Schäden bezahlt werden, die mit Trunkenheit, Fahrerflucht, abgefahrenen Reifen oder schlechten Bremsen in Zusammenhang stehen. Im Kaskobereich wird nichts erstattet, falls ein Schaden grob fahrlässig oder vorsätzlich verursacht wurde. Allerdings hat der Versicherer seinen Vorwurf zu beweisen.

Nach einem Verkehrsunfall sollte der Schadensumfang festgehalten, sowie Spuren und Zeugenaussagen gesichert werden. Falls die Schuldfrage nicht eindeutig ist, empfiehlt es sich, die Polizei einzuschalten und keine voreiligen Schuldanerkenntnisse abzugeben. Alle Schäden, die die eigene Versicherung Geld kosten, müssen umgehend gemeldet werden. Bei Diebstahlmeldungen (z.B. Autoradios) darf das Polizeiprotokoll nicht fehlen.

Im Gegensatz zu anderen Versicherungszweigen gibt es bei der Autoversicherung keine langfristigen Verträge, und ein Wechsel ist recht einfach.

Gekündigt werden kann jedes Jahr drei Monate vor dem Fälligkeitstermin. Damit ergeben sich keine Nachteile, denn die neue Gesellschaft übernimmt den Schadenfreiheitsrabatt in voller Höhe. Auch Beitragsrückerstattungen gibt es, falls der Vertrag mindestens ein Jahr ohne Schadensleistungen bestanden hatte. Dieses Geld muß manchmal angemahnt werden. Ganz unbürokratisch können Sie die Versicherung mit dem Fahrzeug wechseln. Die neue Gesellschaft übernimmt die Meldung und die zuviel gezahlten Beiträge gibt es zurück. Gestattet ist ein spontaner Wechsel, wenn die Haftpflicht um 10% oder die Kaskopolice mehr als 20% nach oben klettert.

Muß die Versicherung einen eigenen Schaden regulieren, besteht beiderseitig das Recht, den Vertrag vorzeitig aufzulösen. Der Beitrag bleibt in diesem Fall bis zum Ende des Versicherungsjahres bestehen.

Kein Versicherungswechsel ist über kurzzeitiges Abmelden möglich. Der Vertrag lebt später wieder auf und verlängert sich sogar entsprechend.

Besondere Hinweise und Tips:

Ein Führerscheinneuling bezahlt 175% des Grundbetrages im ersten Versicherungsjahr. Wird das Fahrzeug noch vor dem 1. Juli eines Jahres versichert, erfolgt die Einstufung - ohne Schadensmeldung - auf 125% bereits im Folgejahr, obwohl der Vertrag noch kein Jahr bestanden hat. Dasselbe gilt für zukünftige Zweitwagenbesitzer, um den Beitragssatz schneller von 125% auf 100% zu drücken.

Der Zuschlag läßt sich sofort ermäßigen, wenn der Neuling sich über einen Zweitwagen versichert. Nach 3 Jahren unfallfreiem Fahren kann der Rabatt dann übertragen werden. Dieser Trick klappt auch bei ausgesprochenen Pechvögeln, die nach mehreren Unfällen auf 200% zurückgestuft wurden.

Durch die verschiedenen Regionalklassen sind die Beiträge recht unterschiedlich. Die Abwehrmaßnahme, von einer Hochtarifzone umzusteigen durch Fahrzeugummeldung zum "zweiten Wohnsitz", ist sicher nicht praktikabel.

Nach einem selbstverschuldeten Unfall sollten Sie prüfen, ob Sie den Schaden des Gegners nicht aus eigener Tasche bezahlen. Die Versicherung läßt ein halbes Jahr Bedenkzeit nach der Schadensregulierung zu. Der Rabatt wäre dann gerettet und eine Rückstufung erfolgt nicht.

Der Mehrbetrag durch das Abrutschen im Rabatt wirkt sich über Jahre aus, da das Hochklettern schleppender vor sich geht. Auch gibt es für das laufende Jahr keine Rückvergütung und wegen der Abstufung für längere Zeit weniger Geld. Beim Durchrechnen mit spitzem Bleistift kann sich die Begleichung eines Schadensbetrages um 1.000 Mark durchaus als lohnend herausstellen.

Das gleiche gilt, wenn Sie eine Vollkasko längere Zeit behalten wollen. Die Restsumme des Eigenschadens über die vereinbarte Selbstbeteiligung kann so niedrig sein, daß die Rückstufung sich als Verlust auswirkt. Oft wird eine Beule mit geringem Aufwand behoben.

Schadenfreiheitsrabatte lassen sich auch auf andere übertragen. Stirbt ein Angehöriger oder meldet er sein Fahrzeug ab, so kann der volle Rabatt vererbt werden. Voraussetzung ist allerdings, daß das Auto von dem "Nachfahrer" mitbenutzt wurde. Um in den Genuß zu kommen, verlangt der Versicherer zuvor eine schriftliche Erklärung der regelmäßigen Nutzung, und die Daten, wann der Führerschein erworben wurde. Wer also erst kurz die Fahrerlaubnis hat, kann keinen Rabatt von 13 Jahren erben.

Bei mehreren Fahrzeugen darf der PS-stärkste Wagen in der höchsten, der leistungsschwächste in der ungünstigsten Klasse geführt werden. Übertragbar ist der Rabatt bei Kauf eines Firmenwagens, wenn das alte Fahrzeug vorher selbst unfallfrei gefahren wurde. Wird ein Firmenfahrzeug abgeschafft, kann ein Mitarbeiter den Rabatt für sein Privatauto übernehmen, falls es von ihm mitbenutzt wurde.

Bis zu einem Jahr kann ein Auto abgemeldet werden, ohne daß der Rabatt verloren geht. Danach beginnt der stufenweise Abbau. Es soll findige Versicherungsvertreter geben, die auch nach Jahren der Autoabstinenz Wege zum alten Schadenfreiheitsrabatt finden, wenn ein Neuabschluß ins Haus steht.

Erstbesitzer von Neuwagen mit Vollkaskoversicherung sollten bei einem unverschuldeten Unfall mit Totalschaden die gegnerische Haftpflichtversicherung zunächst nicht in Anspruch nehmen. Diese bezahlt nur - außer 3 Wochen nach Erstzulassung - die Reparaturkosten. Mit der eigenen Vollkasko, die auch hier einspringt, wird in den ersten zwei Jahren der am Tage des Unfalls gültige Listenpreis erstattet. Die Selbstbeteiligung und die durch eine Rückstufung des Rabattes entstehenden höheren Beiträge können der Haftpflicht des Kontrahenten in Rechnung gestellt werden.

Ebenso sinnvoll wäre es bei einer Teilschuld. Die Kaskoversicherung zahlt ohne Schuldfrage, und nimmt die Haftpflicht des Unfallgegners in Regreß. Je nach Klärung der Schuldfrage kann auch die andere Haftpflicht zur Kasse gebeten werden.

Bei Unfällen müssen Autofahrer, die nicht angegurtet sind, mit erheblichen Abstrichen ihrer Ansprüche rechnen. Im einzelnen können finanzielle Forderungen nach Schadensersatz und Schmerzensgeld um 30%, im Extremfall sogar bis 60%, gekürzt werden. Des weiteren gibt es für Gurtmuffel mögliche Nachteile bei der Lohnfortzahlung und dem Krankentagegeld. Auch bei Renten- und Unterhaltszahlungen haben die Haftpflichtversicherer "erfolgreich" vor Gerichten Kürzungen bis zu 50% durchgesetzt.

Wenn Sie ohne Schuld in einen Unfall verwickelt wurden, und der Gegner begeht Fahrerflucht, oder ist wegen fehlender Haftpflicht zahlungsunfähig, gibt es in schlimmen Fällen Hilfe. Unter dem Namen "Verkehrsopferhilfe" hat der HUK-Verband einen Fonds eingerichtet, der Sach- und Personenschäden teilweise erstattet.

KFZ-Haftpflichtprämien sind als Sonderausgaben von der Steuer absetzbar. Doch auch Unfälle, die auf der Fahrt zwischen Wohnung und Arbeitsstätte passieren, können steuerlich als Werbungskosten geltend gemacht werden. Für Kaskobeiträge gibt es keine Steuerermäßigung.

Hausrat- und Wertsachenversicherung

Daß Schäden am eigenen Hausrat ein beträchtlicher Verlust sein können, ist im allgemeinen bekannt. Entsprechend hoch ist der Prozentsatz von Versicherten, die einen eigenen Haushalt haben. Wer sein ganzes Hab und Gut durch einen Brand verliert, hat neben dem ideellen Verlust auch noch das Problem, die verbrannten Gegenstände wiederzubeschaffen. Große Verluste können bei Einbrüchen und durch Leitungswasser entstehen. Die Hausratversicherung gibt dann das nötige Geld, um die Schäden finanziell ausgleichen zu können. Doch Totalverluste kommen relativ selten vor, vielmehr sind es kleinere Schäden, mit denen sich die Versicherer befassen müssen. Aber werblich geben die großen Brocken einiges mehr her.

Nach 10 Jahren wurde **1984** die Hausratversicherung gründlich reformiert; **neue Vertragsbedingungen, die "VHB 84",** wurden konzipiert. Die neuen Bedingungen unterscheiden sich zum Teil erheblich von der **alten "VHB 74".** Inzwischen wird fast nur noch die VHB 84 bei Neuabschlüssen angeboten. Bestehende Altverträge (VHB 74) sind weiterhin gültig.

Mit welchem Vertrag Sie sich günstiger stellen, kann nicht pauschal beantwortet werden. Vom Preis her ist zunächst entscheidend, wo Ihr Wohnsitz ist. Je nach der erforderlichen Risikoabdeckung sollten Sie für Ihre vorhandenen Wertsachen die neue VHB 84 in Preis und Leistung gegenüber der VHB 74 vergleichen und beurteilen.

Die neuen Bedingungen ergeben folgende Änderungen:

- **Nach Postleitzahlen** geordnet, wird die Bundesrepublik erstmals in **3 Risikozonen** aufgeteilt. In Süddeutschland wird der Hausrat meist billiger versichert als bisher. Dagegen ist der Tarif in Großstädten nördlich der Mainlinie fast durchweg teurer. Der Grund ist die Schadenshäufigkeit.
- Der **Neuwertersatz** von gebrauchten Gegenständen wurde mit der Festsetzung von 1.000 Mark Versicherungssumme pro Quadratmeter Wohnfläche **klar geregelt.** Die bisherige Unsicherheit, ob unterversichert oder nicht, entfällt; somit auch die Frage nach dem Wiederbeschaffungspreis bei einem Schaden. Im Gegensatz zur VHB 74 gibt es eine Gelderstattung, ohne daß die entwendeten oder unbrauchbar gewordenen Utensilien neu gekauft werden müssen. Auch der Zeitwert für ältere Geräte und Kleidung ist nicht maßgebend.
- Die versicherten Gefahren **Feuer, Einbruchdiebstahl** und **Raub, Leitungswasser,** sowie **Sturm,** wurden festgelegt. Glasbruch und Fahrraddiebstahl müssen gegen Aufpreis extra versichert werden.
- Verbessert werden Schadenszahlungen, falls Diebe aus Zerstörungswut die Wohnung verwüstet haben. Höher versichert sind zukünftig Reisegepäck und Wertsachen.

- Nicht mehr abgedeckt ist Diebstahl von Möbeln im Garten, Wäsche auf der Leine und Hausrat im Auto, sowie Fahrraddiebstahl, also Verluste, die sich recht häufig ereignen.

Die Versicherer können mit neuen Verträgen gleich zweimal die Kassen zusätzlich klingeln lassen: einmal mit der Anpassung des Beitragssatzes je nach Schadensverlauf, wie bei anderen Versicherungssparten auch. Und zum zweiten die "vereinbarte Versicherungssummen-Anpassung" nach Preisindex (Inflationsausgleich und Wertsteigerungen durch Zukäufe). Im Klartext bedeutet dies, daß jährlich die Versicherungssumme automatisch erhöht wird. Widerspricht der Kunde nicht schriftlich innerhalb eines Monats, gilt der neue Deckungsbeitrag. So wird also der Unterversicherung zukünftig vorgebeugt und abkassiert, denn wer macht sich schon die Mühe und kontrolliert ganz genau seine Rechnungen.

Versicherungssummen und Beitragsvergleich:

Mit einer Faustformel wünschen die Versicherer, daß die Deckungssumme mindestens mit 1.000 Mark pro Quadratmeter Wohnfläche (ohne Balkon und Treppen) festgelegt wird. Dann soll es im Schadensfall - auch bei Teilschäden - keinen Preisabschlag wegen Unterversicherung geben. Entscheidend ist jedoch der tatsächliche Hausratneuwert und die Versicherungssumme, die bei Totalschäden die Obergrenze ist.

Bei kleinen und mittelgroßen Wohnungen könnte diese Regelung realistisch sein. Aber bei großen Wohnflächen mit spartanischem Mobiliar und als Einzelperson ist die Pauschalierung sicher überzogen. Hier empfiehlt es sich, alle Werte gründlich aufzulisten und danach die Versichererungssumme selbst festzusetzen. Sollte im Ernstfall die Versicherung vor Ort prüfen, dann kann eine genaue Liste sehr nützlich sein. Wer so nicht vorgeht, ist überversichert, und zahlt mehr als nötig wäre.

Manchen Gesellschaften sind Kunden unerwünscht, die unter 800 Mark pro Quadratmeter versichern wollen. Doch es gibt genügend andere, die nicht vorschreiben, wie man seine Einrichtung ansetzt. Die Hilfe von Versicherungsvermittlern bei der Wertermittlung ist unverbindlich, d.h.: der Kunde ist für die richtige Deckungssumme selbst verantwortlich. Zur Erleichterung gibt es Wertermittlungstabellen getrennt nach einzelnen Räumen.

Mit der Wertinventur sollten Einbauküchen mitberücksichtigt werden, falls sie nicht bei der Gebäudeversicherung eingetragen sind. Dagegen sind verklebte Teppiche und Einbauschränke nicht mitzurechnen, da diese rechtlich zum Gebäude gehören. Wertsachen, wie teure Pelze, wertvolle Teppiche, Ölgemälde, Antiquitäten, Schmuck, Münzen und Briefmarkensammlungen müssen in der Versicherungssumme enthalten sein, obwohl diese nur anteilmäßig und begrenzt ersetzt werden.

Die Beitragssätze sind wie folgt regional gestaffelt:

Tarifzone H I

Niedrigste Beiträge für alle Orte und Gebiete, die nicht in Tarifzone II oder III aufgeführt sind.

Tarifzone H II (Orte und Gebiete mit den Postleitzahlen)

2090-2096	3250-3300	5400-5429	6600-6657
2110-2192	3400	5450-5500	6670-6689
2210-2347	3500	5600-5760	6700-6737
2360-2396	4170-4194	5800-5885	6750
2410-2743	4240-4242	6080-6117	6800-6909
2810-2819	4280-4294	6200-6229	7000
2830-2864	4320-4322	6250-6277	7500
2880-2994	4400-4596	6300-6309	7800
3030-3119	4700-4995	6350-6369	8000-8049
3150-3167	5102-5190	6390-6395	8400
3180	5220-5227	6460-6479	8750
3200-3216	5250-5358	6500-6526	8755-8757

Tarifzone H III (Orte und Gebiete mit den Postleitzahlen)

1000	2800-2808	4250-4270	6000-6074
2000-2086	2820-2822	4300	6230-6246
2100-2107	2870-2879	4330-4390	6370-6384
2200-2209	3000-3017	4600-4690	6450-6458
2350-2359	4000-4156	5000-5100	
2400-2409	4200-4236	5200-5216	

Das Diebstahlrisiko für Fahrräder ist gesondert zu versichern. Der Jahresbeitrag wird mit 0,1% der Versicherungssumme des Hausrats multipliziert. Beispielsweise 80.000 Mark Deckungssumme mal dem Fahrradtarif 80 x 0,40 Mark ergibt 32,-- Mark als Zusatzprämie für alle Fahrräder. In der Regel sind die Beiträge nach oben hin begrenzt.

Derzeit günstigster überregionaler Anbieter mit Niederlassungs-Service ist der **HDI Haftpflichtverband der Deutschen Industrie** mit Jahresbeiträgen je 1.000 Mark Versicherungssumme:

	H I	H II	H III	
Wohnung	1,32	1,53	2,10	
Fahrrad	–,37	–,37	–,37	
Folgende Gesellschaften sind ebenfalls preiswert:				
WGV Schwäbische	1,26	1,26	–	nur in Württemberg
Allgemeine	–,37	–,37	–	
Ansvar-	1,20	1,50	1,80	für organisierte
Versicherung	–,30	–,30	–,30	Alkoholabstinente
Itzehoer	1,32	1,51	2,27	vorwiegend in
	–,28	–,28	–,28	Norddeutschland
Europa	1,40	1,70	2,42	überregional als
	–,34	–,34	–,34	Direktversicherer
DEVK-Allgemeine	1,45	1,80	2,55	überregional mit
	–,30	–,30	–,30	Vertreter
HUK-Coburg	1,50	1,80	2,60	überregional mit
Allgemeine	–,35	–,40	–,45	Niederlassungen

Die Mehrzahl der **teuren Versicherungsgesellschaften** verlangen für vergleichbare Leistungen:

Wohnung	1,79	2,31	3,15
Fahrrad	–,42	–,42	–,42

Für den öffentlichen Dienst und für bestimmte Berufssparten (z.B. Kirchenbeschäftigte, Lehrer) gibt es Spezialtarife, die bedeutend günstiger sein können.

Beitragsrückerstattungen bis zu 10% zahlen Versicherungsvereine jährlich bei schadfreien Verträgen an ihre Kunden.

Nach den **alten Bedingungen** konnten Sie je nach Flexibilität Ihrer Gesellschaft **verschiedene Kombinationen** als Bausteine selbst zusammenstellen. Zu erheblichen Preisunterschieden. Bundeseinheitlich kosteten bei der **HUK-Coburg Allgemeine** die Jahresbeiträge für je 1.000 Mark Versicherungssumme beispielsweise:

Feuer/Einbruchdiebstahl	1,30 Mark
Feuer/Einbruch/Leitungswasser	1,70 Mark
Feuer/Einbruch/Leitungswasser/Sturm	**1,80 Mark**
Feuer/Einbruch/Leitungswasser/Glas	2,00 Mark
Feuer/Einbruch/Leitungswasser/Sturm/Glas	2,10 Mark

Die **VHB 74 mit der 5-fach-Kombination** bieten - neben berufsständigen und regionalen Versicherern - noch folgende Gesellschaften bundesweit preisgünstig an:

Polizeiversicherungsverein	**1,50 Mark**
Ostangler Brandgilde	**1,68 Mark**
Medien-Versicherung	**2,00 Mark**

Versicherungsbestand und Kündigung:

Ob die neue VHB 84 für Sie Vorteile bringt, ist nicht nur eine Frage des Geldes, sondern auch Ihres persönlichen Bedarfs. Wie erwähnt, ist **neuerdings nur noch die Vierfachkombination ohne Glas möglich.**

Auch früher waren nur normale Verglasungen bis 3 Quadratmeter Größe je Einzelscheibe abgedeckt. Größere Flächen, Isolierglasscheiben und Sicherheitsglas mußten gesondert gegen Mehrpreis versichert werden.

Nun kostet der Zuschlag bis 15 Quadratmeter Glasfläche bei einer normal versicherten 80 Quadratmeter großen Wohnung je nach Gesellschaft zwischen 37 und 84 Mark im Jahr. Bei diesen Aufpreisen für eine zusätzliche Glasversicherung sollten Sie sich fragen, ob ein möglicher Schaden nicht aus eigener Tasche bezahlt werden kann. Die Schadenzahlungen betragen im Durchschnitt nur etwa 40 Pfennige von einer Mark Beitragseinnahme.

Der rechtlich selbständige Vertrag darf nach den Glas-Bedingungen **(AGIB)** nach jedem ersatzpflichtigen Schaden innerhalb von 2 Wochen aufgekündigt werden. Dabei ist es egal, ob eine lange Laufzeit besteht. Durch die sofortige Wirkung ist der anteilige Beitrag vom Versicherer zurückzuzahlen.

Das gleiche gilt für Angebote, noch zusätzlich Aquarien und Terrarien gegen das Bruchrisiko abzudecken, die preislich relativ teuer sind. Auch für Herde mit Glaskeramik-Kochflächen jährlich bis 43 Mark zu bezahlen, freut im Grunde nur die Versicherung, weil bei diesem Zusatz glänzend verdient wird.

Vermutlich können sich vorsichtige Fahrradbesitzer die Zusatzprämie sparen. Der Versicherungsschutz wird sowieso nur anerkannt, wenn das Fahrrad abgeschlossen ist und der Diebstahl nicht nach 22.00 Uhr passiert. Nach wie vor bekommt man ohne Aufpreis Ersatz, falls das Fahrrad aus geschlossenen Kellerräumen oder Garagen gestohlen wird. Die höchste Erstattung je Schadensfall ist ein Prozent der Versicherungssumme, auch wenn das Fahrrad hochwertiger ist.

Ein **Entscheidungskriterium** - alte oder neue Bedingungen - könnten Ihre **Wertsachen** sein. Trotz korrekter Neuwertermittlung sind im Ernstfall Scherereien möglich. Einzelne Wertgegenstände werden nämlich unterschiedlich zugeordnet, und die Vorgaben zum Aufbewahren sind verschieden.

Nach den alten Vorschriften dürfen Wertsachen, wie Bargeld, Sparbücher und Wertpapiere bis je 1.000 Mark offen in der Wohnung aufbewahrt werden; ebenso Sammlungen von Münzen und Briefmarken als Einzelstücke bis 350 Mark. Gold-, Silber- und Schmucksachen mit einem Wert bis 1.500 Mark können unverschlossen sein. Darüber hinaus müssen Sammlungen und Schmuck bis zum Gesamtwert von je 20.000 Mark in verschlossenen Möbelstücken verwahrt werden. Zu Schmuck zählen auch Pelze. Höherer Wertbesitz ist unversichert und sollte in einen Banksafe, da eine Zusatzversicherung schwer möglich ist.

Gemäß der neuen VHB 84 dürfen folgende Wertgegenstände bis zur Höchstgrenze offen aufbewahrt werden:

1 500	Mark	Bargeld
5 000	Mark	Urkunden, Sparbücher und Wertpapiere
40 000	Mark	Schmuck, Edelsteine, Perlen, Briefmarken, Münzen, Medaillen, Sachen aus Gold und Platin

Über diese Höchstgrenzen hinaus sind die Wertsachen nur abgedeckt, wenn sie in Tresore unter sicherem Verschluß gehalten werden. Für Pelze, echte Teppiche, wertvolle Gemälde und Antiquitäten gibt es keine Verwahrvorschrift. Alle **Wertsachen** zusammen, die anteilmäßig über die **20% der Versicherungssumme** hinausgehen, sind mit recht kostspieligen **Aufschlägen** abzudecken.

Sollten sich hohe Wertsachen in Ihrer Wohnung oder Haus befinden, so wäre es sinnvoll, vor Abschluß mit der Versicherung mögliche Sicherheitsrisiken abzusprechen. Damit schließen Sie eine Unterversicherung aus, und beugen so über eine gute Wertdokumentation eventuellem Ärger vor. Für Sicherheitsvorkehrungen, wie Alarmanlagen, erhält der Kunde Rabatt auf den Wertsachenzuschlag. Hohe Risiken bedürfen oft Direktionsentscheidungen. Das betrifft besonders teure Sammlungen, die im Rahmen des Hausrats gesondert versichert werden können.

Die Umstellung von den alten zu den **neuen Bedingungen** müssen die Versicherungen mit jedem einzelnen Kunden neu vereinbaren. Vorerst haben Sie noch das Wahlrecht alt oder neu. Für die Tarifzonen ergibt sich **folgende Preissituation:**

H III:	**wesentlich günstiger,** außer bei sehr hohem Wertsachenanteil
H III:	**etwa gleich hoch,** auch bei Wertsachenanteil von 20%
H III:	**erheblich teurer,** vor allem bei hohem Wertsachenanteil

Ist die neue Prämie niedriger oder gleich hoch, lohnt es sich, zu den neuen Bedingungen abzuschließen, da die Verbesserungen die Nachteile aufwiegen. Wenn Sie jedoch Wert auf begrenzten Ersatzschutz von Glasschäden legen, oder Diebstahl von Fahrrädern und Hausrat aus dem Wagen, dann könnte die VHB 74 Vorteile bieten.

Nach einem Rechenexempel des Besitzstandes könnte die neue VHB 84 eventuell Grund sein, die bestehende langfristige Hausratversicherung zu kündigen. Die Begründung müßte sein: Vertragsumwandlung und damit Änderung der Prämien.

Die normale Kündigung gilt 3 Monate vor Ablauf und verlängert sich dann jeweils um ein Jahr. Ansonsten ist eine außerordentliche Kündigung bei einem Schaden möglich, der bezahlt oder abgelehnt wurde. Dasselbe gilt, falls der Beitrag mehr als 10% in einem Jahr und innerhalb von 3 Jahren mehr als 20% nach oben schnellt. Da es keinen anteiligen Beitrag zurückgibt, sollte das Kündigungsschreiben innerhalb eines Monats nach dem Schaden zum Ende des Versicherungsjahres erfolgen.

Besondere Hinweise und Tips:

Vor allem teurere Gesellschaften gewähren für einen 10-jährigen Vertragsabschluß 10% Rabatt. Der Nachlaß kann bei schlechtem Schadensverlauf jedoch bald aufgezehrt sein, falls die Prämie alle 3 Jahre angepaßt wird.

Die vertragliche Versicherungssumme kann wegen Überversicherung jederzeit herabgesetzt werden. Beispielsweise, wenn der Überlebende nach dem Tod des Partners den Haushalt verkleinert. Stirbt der Versicherungsnehmer, geht der Vertrag auf die Erben über, sofern die Nutzung bleibt. Ansonsten endet das Versicherungsverhältnis nach 2 Monaten.

Vorsicht ist bei einer Ehescheidung oder Trennung geboten. Zieht der Versicherungsnehmer aus der gemeinsamen Wohnung ohne Vertragsänderung aus, so bekommt der verbleibende Partner im Schadensfall keinen Pfennig. Der Hausrat wird immer personenbezogen abgeschlossen. Der Vertrag besteht auch bei einem Wohnungswechsel weiter. Um Verlusten vorzubeugen, muß jede Änderung dem Versicherer sofort mitgeteilt werden, auch wenn die Wohnfläche vergrößert wird.

Das von manchen Vertretern verkaufswirksam gebrauchte Argument, daß es bei einem Hausratschaden auf die richtige Formulierung ankommt, ist richtig. Die Versicherer klammern sich oft an die "Obliegenheiten" ihrer Bedingungen und werden nicht selten fündig. Nur, ob ein gut gemeinter Ratschlag für die Schadensmeldung einen eventuell höheren jährlichen Mehrbetrag rechtfertigt, ist zu überlegen. Die eigene Information über die gleichen Bedingungen einer günstigen Gesellschaft ist allemal billiger.

Nach einem Fahrraddiebstahl ist Ärger mit der Zusatzversicherung leicht möglich. Wenn z.B. das nicht abgeschlossene Fahrrad aus einem Gemeinschaftsraum entwendet wurde. Wenn der Bestohlene nicht die Rechnung und die Rahmen-Nr. vorlegen kann, sowie die "Erkundigungspflicht", sprich Fahrradsuche, nicht glaubhaft nachweist. Wegen begrenzter Dekkungssummen gibt es bei Diebstahl teurer Fahrräder Kürzungen.

In der VHB 84 sind Sturmschäden obligatorisch mitversichert. Allerdings erst ab Windstärke 8. Dadurch sind Konflikte im Schadensfall fast vorprogrammiert, besonders wenn es gleichzeitig hagelte. Da Hagel nicht abgedeckt ist, besteht die Gefahr, daß eine Regulierung abgelehnt wird mit Hinweis auf die Windstärke bzw. Fragen nach dem Hagel als Schadensverursacher. Neuerdings schließen einige Versicherer Hagelschäden mit ein. Nicht abgesichert sind Schäden durch Hochwasser, Sturmflut und elektrischen Kurzschluß.

Die am Haus befindliche Garage gehört zur Wohnung. Gegenstände, wie gelagerte Autoreifen, Surfbretter oder Boote (ohne Motor), die aus der verschlossenen Garage entwendet werden, sind durch die Hausratversicherung abgedeckt.

Eigene, selbst installierte oder bezahlte Waschbecken, Badewannen und Fernsehantennen in Mietwohnungen sind bei der Wertfestsetzung zu berücksichtigen, da diese Teile die Hausratversicherung einschließt.

Fazit: Das Hauptrisiko der Hausratversicherer ist der Diebstahl. Wohnungseinbrüche durch unverschlossene Türen und Fenster sind von der Regulierung ausgeschlossen. Deshalb ist es sicher für den einzelnen wichtiger und auf Dauer billiger, mit Sicherungsmaßnahmen am Haus oder Wohnung die Schwachstellen einzuschränken, als hohe Zusatztarife für Wertsachen zu zahlen. Eine Hausratversicherung kann bei schmerzlichen Verlusten helfen, aber die vereinbarten Versicherungssummen müssen höchst selten voll erstattet werden. Bei Brand- und Leitungswasserschäden springt oft der Verursacher mit seiner Haftpflicht ein.

Die Hausratversicherung ist steuerlich eine Privatangelegenheit und wird vom Finanzamt nicht anerkannt.

Wohngebäude-Feuerversicherung:

Für viele Hauseigentümer gilt die staatliche Auflage, daß er Vorsorge für sein Hab und Gut trifft. In einigen Teilen der Bundesrepublik muß man sich gegen die Feuergefahr schützen; natürlich auf eigene Kosten. Das mag seine Berechtigung haben, denn ein Großschaden kann für die meisten ein finanzielles Fiasko sein. Mit der Feuerversicherung sind Schäden durch Brände, Blitzeinschlag und Explosionen, sowie daraus entstehende Folgeschäden von Löscharbeiten, Rauch und Ruß abgedeckt.

Neben Feuer kann man Leitungswasser- und Sturmschäden mitversichern, im Fachjargon die "Verbundene Wohngebäudeversicherung". Die Hauptschäden entstehen bei Leitungswasser durch Frost: Rohrbrüche an Zuleitungen außerhalb des Gebäudes und innerhalb an Sanitär- und Heizungsrohren. Nur gewaltige Stürme (ab Windstärke 8) sind versicherbar, wenn Dächer abgedeckt, Fensterscheiben eingedrückt werden und entwurzelte Bäume auf das Gebäude fallen. Für Gebäudeschäden gibt es dann, einschließlich der Folgekosten durch eindringenden Niederschlag, das nötige Geld.

Keinen Ersatz gibt es für Schadensursachen, die schwer kalkulierbar sind: Hoch- und Grundwasser, Erdsenkung oder Erdrutsch, Sturmfluten, Lawinen, Erdbeben, Krieg und innere Unruhen. Auch mangelnde Sorgfaltspflicht, und das Nichtbeachten gesetzlicher Sicherheitsauflagen, können Zahlungsausschluß bewirken. Nicht versichert sind nicht bezugsfertige Gebäude; dafür kann aber eine Rohbauversicherung extra abgeschlossen werden.

Versicherungsumfang und Beitragsvergleich:

Durch die Feuerversicherung soll ein total abgebranntes Gebäude zum ortsüblichen Neupreis wiederaufgebaut werden können. Es besteht sogar eine Aufbaupflicht, da sonst nur der Zeitwert ersetzt wird. Mit der sogenannten **"Gleitenden Neuwertversicherung"** wäre dies ein sicherer Geldverlust. Entsprechend der Baukostenentwicklung werden deshalb die Deckungssummen jährlich angeglichen. Damit im Ernstfall keine Abzüge durch eine Unterversicherung vorliegen, müssen nachträgliche, zusätzliche Ein-, An- oder Umbauten, die den Gebäudewert erhöhen, in die Versicherungssumme miteinfließen.

Ausgehend von dem gegenwärtigen Neubauwert des Hauses kann über ein Schema auf die Basis des Jahres 1914 zurückgerechnet werden. Dies kann selbst bzw. über einen Bausachverständigen oder durch den Versicherer erfolgen. Nach dem umbauten Raum und den Ausstattungsmerkmalen des Gebäudes läßt sich der Baukostenindex von 1914 exakt ermitteln, und mittels dem entsprechenden Faktor auf den heutigen Wert wieder hochrechnen. Wichtig ist, daß die Errechnung der richtigen Versicherungssumme von der Gesellschaft als verbindlich bestätigt wird; somit keine Unterversicherung besteht.

In Baden-Württemberg und Hamburg, sowie in vielen Teilbezirken anderer Bundesländer ist die Feuerversicherung Pflicht, und ist nur bei den regional zuständigen Feuerversicherungs-Anstalten möglich. Freiwillig, aber nur über Monopol-Anstalten, geht es in ganz Bayern und in der "Bayerischen Pfalz"; wie in Baden-Württemberg und Hamburg die Sturmversicherung. Ansonsten gibt es freien Wettbewerb zu sehr unterschiedlichen **Feuertarifen: zwischen 0,10 und 0,25 Mark pro 1.000 Mark Versicherungssumme im Jahr.**

Noch extremer sind die Unterschiede der Beiträge und Leistungen bei Leitungswasser und Sturm. Zahlreiche Risiken werden recht verschieden bewertet, beispielsweise die Bauausführung des Gebäudes mit der Sturmzone. Verschiedene Zuschläge für Haftungserweiterungen können, je nach Interessenlage, das Preisgefüge der Versicherer durcheinanderbringen. Extra versicherbar sind meist verlängerte Mietverlustzeiten, befristete Rohbauabsicherung, Aufräum- und Abbruchkosten, Wasser- und Fußbodenheizung und gegen Sturm außen angebrachtes Zubehör (Markisen).

Von besonderer Wichtigkeit ist, daß bei den Feuerdeckungssummen nicht geknausert wird. Da man bei neuen Hausrat-Versicherungsverträgen mit Sturm und Leitungswasser festgenagelt ist, kann es bei Einfamilienhäusern zumindest bei Leitungswasserschäden eine Doppelabsicherung geben, ohne daß es zweimal dafür Geld gibt. In betreuten Eigentumswohnungen hat in aller Regel der Hausverwalter beide Zusätze versichert. Das Risiko **Leitungswasser** kann **unter 20 Pfennig,** aber auch **über 40 Pfennige** kosten. Für die Absicherung von **Sturmschäden** nehmen manche in **Sturmklasse I etwa 5 bis 20 Pfennig** und bei der **Sturmzone II** verlangen einige keinen Zuschlag. Andere wollen hierfür **extra 10 Pfennig** für jeweils **1.000 Mark Versicherungssumme.** Es ergeben sich für den gleichen Haustyp stattlich auseinanderklaffende Endbeträge.

Überregionale günstige Gesellschaften können je nach den versicherten Gefahren sein:

Haftpflichtverband (HDI)	Ansvar
Bayer. Beamten	Neckura
Europa	Skandia
Hanse-Merkur	Transatlantische
Medien	Ostangler Brandgilde

Ansonsten gibt es noch günstige Anbieter im regionalen Bereich oder für bestimmte Personengruppen. Über die Tarifkonditionen kann im freien Wettbewerb oft preislich noch verhandelt werden.

Versicherungsbestand und Kündigung:

Gemäß den Bedingungen **(VGB)** muß bei Gefahrenerhöhung (z.B. Schreinerei) und Erweiterungsbauten die Versicherung benachrichtigt werden. Nach einem Schadensfall wird durch die Entschädigung die Versicherungssumme "verbraucht". Beim sofortigen Wiederaufbau ist für das laufende Versicherungsjahr der Rest des Beitrages nochmals zu zahlen.

Unkündbar sind Feuerversicherungsverträge der öffentlich rechtlichen Zwangsversicherungs-Anstalten. Dagegen ist die Kündigung in "freien Gebieten" wirksam, wenn sie 3 Monate vor Ablauf erfolgt. Zusatzvereinbarungen können fristgerecht immer zum Ende des Versicherungsjahres geändert oder ganz gestrichen werden.

Der Vertrag geht bei einem Hausverkauf nach der Grundbucheintragung auf den Käufer über. Ansonsten besteht ein außerordentliches Kündigungsrecht nach jedem Schadensfall. Innerhalb eines Monats, nachdem die Entschädigungsverhandlungen beendet sind, muß das Schreiben vorliegen.

Besondere Hinweise und Tips:

Bei der Wertfestlegung eines Wohnhauses sollten die Eigenleistungen zu ortsüblichen Handwerksstundensätzen miteinfließen, ebenso müssen alle Baunebenkosten, feste Einbauten (verklebte Teppiche und eventuell Einbauküchen) und Einkaufsvorteile durch Sonderrabatte in der Endabrechnung berücksichtigt werden.

In gemischt genutzten Gebäuden wirken sich Büros und feuerungefährliche Gewerbebetriebe nicht preiserhöhend aus. Sie sind mit Wohngebäuden vom Risiko her gleichgestellt. Mit einer Gebäudeversicherung werden Garagen und Anbauten (Schuppen) eingeschlossen. Dagegen müssen Beschädigungen an Hof- und Gehwegbefestigungen aus eigener Tasche bezahlt werden.

Steuerlich können die Prämien der Wohngebäudeversicherung nur als Ausgaben bei "Vermietung und Verpachtung" eingesetzt werden.

Rechtschutz-Versicherungen

Hierbei übertreffen sich die Versicherungen gegenseitig mit sogenannten "Fällen aus der Praxis". Fast könnte man meinen, wir Deutschen wären ein Volk von Streithammeln. Doch es geht allein ums Geschäft. Über 2 Milliarden Umsatz im Rechtschutz sind ein stattliches Ergebnis. Nicht einmal die Hälfte der Einnahmen müssen für Rechtsstreitigkeiten ausgegeben werden, dazu noch die Verwaltungs- und Vertriebskosten – alles andere ist Gewinn.

Billig sind Prozesse nie. Die Prämien, insbesondere die des Familienrechtschutzes, aber auch nicht. Beeinflußt von wirksamer Werbung, werden die Beiträge meist gern bezahlt, weil man ja auf sein gutes Recht nicht verzichten soll. Nahezu die Hälfte der deutschen Haushalte sind rechtschutzversichert. Dabei wehren die eigentlich obligatorischen Haftpflichtversicherungen unberechtigte Ansprüche Dritter schon in eigenem Interesse ab. So als Autofahrer, Privatperson oder Tierhalter. Nur beim Einklagen von Forderungen ist der Rechtschutz ohne ein Kostenrisiko nützlich.

Vor jeder anwaltlichen Beratung und erst recht, wenn ein Prozeß angestrengt werden soll, ist die Information an den Versicherer das Vordringlichste. Es könnte sein, daß man sonst später auf den Kosten sitzen bleibt. **Die Liste der Risikoausschlüsse ist beachtlich.** Und Kulanz wird allgemein ganz klein geschrieben. Der Rechtschutzversicherer wird auch nur ein Verfahren genehmigen und Kostenzusage erteilen, wenn es für ihn interessant ist und Erfolgsaussichten bestehen. Erscheint ein Händel mutwillig, muß ein Rechtsanwalt die Übernahme des Falles ablehnen. Ausnahme: in Straf- oder Bußgeldverfahren ist vorab keine Deckungszusage erforderlich.

Ein Anwalt hat bei Rechtschutz-Versicherten mehr Arbeit, ohne daß er dafür honoriert wird. Die Mehrarbeit ergibt sich aus Erklärungen über die Erfolgsaussichten eines Rechtsstreites und von der Versicherung angeforderten Berichte, sowie Begründungen für Vorschußzahlungen. Manchmal soll es sogar vorkommen, daß ein Anwalt für die Kosten der Fotokopien, und nicht zuletzt um seine Gebührenvorstellungen kämpfen muß. Deshalb wird die Vorstellung eines Mandanten "alle Kosten trägt die Rechtschutzversicherung" nicht immer freudig zur Kenntnis genommen, da diese auch auf Nebenkosten achtet. Aber Arbeit und Brot gibt's für diesen Berufsstand durch die Rechtschutzversicherer allemal.

Vor dem lästigen Gang zum Gericht ist in erster Linie die Wahl eines guten Rechtsanwaltes wichtig. Dabei ist die Empfehlung der Versicherung eines bestimmten Anwaltes nicht bindend. Dieser sollte den Streit möglichst begrenzt halten und objektiv beraten. Er sollte vor allem die Erfolgsaussichten möglichst konkret abschätzen oder auch abraten. Es nützt eigentlich wenig, einen falsch geführten Prozeß bezahlt zu bekommen und eine Auseinandersetzung zu verlieren.

Gewinnt der Versicherte einen Prozeß eindeutig, muß die Gegenpartei (außer vor Arbeitsgerichten in der ersten Instanz) alle Kosten erstatten. Die Rechtschutzversicherung erhält also alle Auslagen vom Prozeßgegner wieder zurück. Wenn der Gerichtsstreit mit einem Vergleich endet, hat die Gesellschaft die geteilten Kosten zu tragen. Keine Gebühren gibt es bei Arbeitsgerichten, dafür sind die Kosten für den Anwalt immer selbst durch die Beteiligten zu begleichen.

Die Kosten eines verlorenen Zivilprozesses schlagen besonders bei einem geringen Streitwert zu Buch: 5.000 Mark mit ca. 2.200 bzw. 5.100 Mark in der I. bzw. II. Instanz. 10.000 Mark kosten 4.000 bzw. 9.000 Mark für Gericht und Anwalt. Dabei sind die Gebühren für Zeugen und Sachverständige nicht enthalten. Doch durch gute Prozeßvorbereitung kann fast immer vorausgesagt werden, ob wenigstens ein Teilerfolg denkbar ist.

Tatsächlich sind in der Praxis ganz überwiegend Verfahren mit Streitwerten im Bereich bis 10.000 Mark angesiedelt. Nur etwa 8% aller Rechtsstreitigkeiten gehen in die II. Berufungsinstanz. Somit ist das Kostenrisiko der Versicherer im allgemeinen nicht so dramatisch wie es werblich häufig dargestellt wird.

Bis zu einem Streitwert von 3.000 Mark ist das Amtsgericht zuständig. Der Kläger oder Beklagte kann ohne Rechtsanwalt auftreten und somit sind die Kosten geringer. Streitwerte von über 3.000 Mark werden nur vor dem Landgericht verhandelt, und die Parteien müssen sich einen Anwalt nehmen.

Versicherungssummen und Beitragsvergleich:

Der Rechtschutz ersetzt je Versicherungsfall in der Regel höchstens einen Betrag von 100.000 Mark. Es werden auch höhere und unbegrenzte Summen offeriert. Doch dürften die Ausgaben für den Rechtsvertreter, Gericht, Zeugengelder, Sachverständige und Gutachter selten höher als der Standardbetrag von 100.000 Mark sein. Die Leistungen sind ansonsten in den Allgemeinen Rechtschutz-Bedingungen **(ARB)** einheitlich festgelegt. Zusätzliche Verbesserungen, die sich als Verkaufsargumente für Vertreter eignen, sind Mangelware.

Die Rechtschutzversicherung hat verschiedene Bausteine:

Verkehrsrechtschutz "als Renner", der allen Streit rund um das Auto absichert, und von den Automobilclubs eingeführt wurde. Mit einem Vertrag - ohne Zusatz – ist nur ein Fahrzeug abgedeckt. Jeder Wagenwechsel muß gemeldet werden. Versichert sind Schadenersatzforderungen, Strafsachen, Führerscheinärger und KFZ-Steuerstreit, sowie Reibereien bei Verträgen (Autokauf oder Verkauf, Reparatur und mit eigenen KFZ-Versicherern). Unterschiede gibt es im Fußgängerrechtschutz, der häufig miteinkalkuliert ist: Schadenersatzstreit als Fußgänger, Radfahrer, Fahrgast in privaten und öffentlichen Verkehrsmitteln; zusätzlich als Mopedfahrer, sowie gegen Mehrpreis noch für alle Familienmitglieder.

Familienrecht- mit Vertragsrechtschutz bezieht sich nur auf das private Risiko. Also für Leute ohne Auto und für Selbständige, die ihren Privatbereich abdecken wollen. Neben privaten Strafsachen, Schadenersatz- und Vertragsstreitigkeiten, gibt es Hilfe für Arbeitnehmer bei Arbeits- und Sozialgerichtsverfahren. Des weiteren bei allen Streitereien mit Finanzämtern und bei Abgaben, z.B. Stromrechnungen. Der Schutz gilt für die ganze Familie. Auch für unverheiratete Kinder in der Ausbildung bis zum 25. Geburtstag. Alleinversicherte zahlen also gewissermaßen einen Solidarbeitrag – wie bei der gesetzlichen Krankenkasse – für die Familie.

Kombinierter Verkehr- und Familienrechtschutz bietet sich aus Kostengründen gegenüber den Einzelpolicen an. Ohne Mehrkosten sind alle Fahrzeuge der Familie beinhaltet.

Zuschläge für Gebäude- und Mieterrechtschutz bezahlt man als Mieter, um Ärger mit dem Vermieter abzudecken oder Streit mit Nachbarn auszufechten. Ein Hausbesitzer kann sich ebenfalls kostenlos mit seinen Mietern anlegen. Auch Wohnungseigentümer dürfen gegen Beschlüsse der Gemeinschaft und des Hausverwalters vorgehen. Etwaige Prozesse mit Baufirmen (z.B. wegen schlechter Arbeit) oder mit Ämtern sind ausgeschlossen.

Derzeit günstigste überregionale Anbieter, über die sich jedermann versichern kann, ist die **WGV Schwäbische Allgemeine, Corag der HUK-Coburg und DMB Mieterbund Rechtschutz** mit Jahresbeiträgen von:

Verkehr (1 Pkw)	76 Mark (WGV)	79 Mark (Corag)	79 Mark (DMB)*
Familie	105 Mark	148 Mark	120 Mark
Kombination	168 Mark	225 Mark	170 Mark
Zuschlag	50 Mark	56 Mark	35 Mark

* DMB nur mit Selbstbeteiligung von 100 Mark je Schadensfall, der Zuschlag für Mieterschutz ist bei Mitgliedern enthalten.

Die **Automobilclubs** bieten den Verkehrsrechtschutz und teilweise andere Bereiche für ihre Mitglieder etwas günstiger an:

ADAC	**71 Mark**	(**83 Mark** mit Fußgängerrechtschutz), Zweitwagen **38 Mark**
Auxilia	**73 Mark**	**(Familie 112 Mark, Kombination 185 Mark, Zuschlag 45 Mark)**

Die meisten Gesellschaften halten sich an die Prämienempfehlungen ihres Verbandes und verlangen für vergleichbare Absicherungen:

Verkehr	112 Mark
Familie	159 Mark
Kombination	265 Mark
Zuschlag	56 Mark

Der öffentliche Dienst und bestimmte Berufssparten (z.B. Kirchenbeschäftigte) zahlen für den Rechtschutz erheblich weniger. Selbständige und Freiberufler müssen gegenüber Arbeitnehmern beim Familienrechtschutz teilweise ca. 20% mehr berappen.

Beachtlich sind auch **Beitragsrückvergütungen,** die manche Versicherer (bis zu 20%) ausschütten, falls der Rechtschutz über das Jahr nicht gebraucht wurde.

Versicherungsbestand und Kündigung:

Die Werbung über die Leistungen der Rechtschutzversicherung vermittelt vielen Versicherten das Gefühl grenzenloser Sicherheit. In Wirklichkeit gibt es viele Haken und Ösen, die die Sicherheit durch Ausschlüsse stark einschränken. Bei Anfragen müssen häufig die Allgemeinen Rechtschutz-Bedingungen (ARB) extra angefordert werden. Vielleicht, weil die lange Liste der meist unverständlich formulierten Risikoausschlüsse nicht genug werbewirksam ist.

Falls Sie eine ältere Rechtschutzversicherung besitzen, empfiehlt es sich, die ARB zu überprüfen. **Seit 1981** wurde der **Steuerrechtschutz** vor Finanz- und Verwaltungsgerichten **mit aufgenommen.** Für den Fall, daß Sie keinen Nachtrag besitzen, sollten Sie eine Bestätigung der Versicherung anfordern. Ebenso gilt dies auch für die Sparte Verkehr, ob und wie man als Fußgänger geschützt ist. Bei Auslandsreisen werden die Kosten für einstweilige Strafverfolgungsmaßnahmen (Kautionen) neuerdings erstattet. Aber nur, wenn ältere Verträge ergänzt wurden. Doch Vorsicht: ab diesem Zeitpunkt dürfen die Versicherungen die **Rechtschutzbeiträge jährlich angleichen,** wenn die Schadensaufwendungen um 5% steigen. Allerdings wurden, wegen hoher Gewinnzuschläge und Sicherheitszulagen, die in den Tarifen enthalten sind, für 1986 solche Beitragserhöhungen vom Kartellamt gestoppt. Da sich die Gebühren für Streitigkeiten erhöht haben, werden die Prämien bestimmt bald wieder angepaßt.

Die meisten zahlen die hohen Prämien Jahr für Jahr, ohne daß der Fall der Fälle eintritt. Welcher Normalbürger führt schon gern Prozesse? Häufig wird vorher eine Einigung oder ein Kompromiß zwischen den Kontrahenten erzielt. Selbst wenn ein Rechtsanwalt mit einer guten Beratung hilft, sind die Gebühren fast für jeden tragbar. Die Kosten hierfür sind oft wesentlich niedriger als ein Jahresbeitrag.

Hohe Selbstbehalte könnten die Rechtschutzbeiträge so senken, daß sie für viele interessant wären, um seltene, kostspielige Prozeßkosten abzudecken. Allerdings gibt es wenige Gesellschaften, die eine Selbstbeteiligung anbieten; diese ca. 100 Mark reduzieren das hohe Preisniveau nur geringfügig.

⚠ Ausgeschlossen vom Rechtsschutz sind Straftaten mit Vorsatz oder wenn ein Versicherungsfall rechtswidrig verursacht wird. Dazu gehören beispielsweise üble Nachrede oder Beleidigung. Auch bei einem Verfahren wegen vorsätzlicher Trunkenheit (Autofahrt) gibt es keinen Rechtsschutz, ebenso bei Unfallflucht. Selbst bei Ärger aus einer nebenberuflichen Tätigkeit besteht keine Deckung.

⚠ Kosten aus einer rein vorsorglichen Anwaltsberatung werden nicht übernommen, außer wenn sich zwischenzeitlich die Rechtslage geändert hat. Ein Arbeitnehmer kann sich beispielsweise nicht vor einer Kündigung, sondern erst wenn der Arbeitgeber gekündigt hat, beraten lassen. In Erbangelegenheiten darf nur eine Rechtsberatung erfolgen. Den Rat von Rechtsanwälten bei Verträgen aus Bürgschaften, Garantien und Schuldübernahmen muß der Versicherte selbst bezahlen, ebenfalls Streit aus Spiel- und Wettverträgen.

Die Wahl des Anwalts am zuständigen Gerichtsort ist frei. Voraussetzung ist jedoch eine verbindliche Kostenzusage, manchmal sogar aus der Direktionsetage. Grundlage für die Honorarhöhe des Rechtsvertreters ist der Mittelsatz des Gebührenrahmens. Staranwälte sind teurer, deshalb kann die Versicherung den Aufpreis vom Kunden verlangen.

⚠ Auf eine Absicherung sollte man sich nicht zu früh verlassen. Den Rechtschutz riskiert beispielsweise ein Arbeitnehmer auch nach der normalen 3-monatigen Wartezeit, wenn er wegen eines Fehlverhaltens eine Kündigung erhält. Daß die Kosten der Kündigungsklage übernommen werden, ist ab Versicherungsbeginn erst nach einem Jahr sicher. Rechtlich begründet wird die Absage in den Bedingungen mit dem Zeitraum eines beginnenden Streites, also während der Wartezeit.

Die meisten Vertragslaufzeiten sind 5 Jahre ohne jeden Preisnachlaß, mit Ausnahme der genannten Versicherer, die Jahresverträge haben. Die normale Kündigungsfrist beträgt 3 Monate vor Vertragsende. Eine vorzeitige Kündigung ist bei Beitragserhöhungen von 15% im Jahr (!) oder mehr als 30% innerhalb von 3 Jahren möglich. Ansonsten nur, wenn der Versicherer, nach Prüfung der Erfolgsaussichten, eine kostenlose Rechtshilfe ablehnt. Dann kann man in der Regel den Vertrag innerhalb eines Monats auflösen. Bei der Rechtschutzversicherung darf nicht – wie sonst üblich – nach einem Schadensfall gekündigt werden.

Wer besonders prozeßfreudig ist, läuft Gefahr, sofort nach zwei Versicherungsfällen pro Jahr gekündigt zu werden. Streithansel sind im Zentral-Computer der Rechtschützer registriert. Da keine Annahmeverpflichtung besteht, kann es schwer sein, eine neue Gesellschaft zu finden und wenn, dann oft nur mit einem Risikozuschlag.

Nach Vertragsbeginn werden nur Schadenersatz-, Straf- und Beratungs-Rechtschutz in Familien- und erbrechtlichen Angelegenheiten, sowie bei Führerscheinproblemen, sofort gewährt. Bei allen anderen Risiken erfolgt eine Deckungszusage erst nach drei Monaten Wartezeit. Eine Wartefrist gibt es nicht, falls die Gesellschaft gewechselt wird.

Besondere Hinweise und Tips:

Mit dem Verkehrsrechtschutz im Rücken konnte bisher ein Parksünder mit dem "Onkel aus Amerika" gegen einen Bußgeldbescheid kämpfen. Doch mit Einführung der Halter-Haftung ist es damit vorbei. Die Versicherer, die häufig solche Bagatellen bezahlten, sind nun kostenmäßig aus dem Schneider.

Eine Verkehrsrechtschutz-Versicherung ist insbesondere für die Autofahrer sinnvoll, die ohne Vollkasko oder Autoschutzbrief innerhalb Europas viel unterwegs sind. Verkehrsunfälle im Ausland können wegen unterschiedlichen Rechtsgepflogenheiten böse Überraschungen mit sich bringen.

Um sein Recht gegenüber einer Versicherung durchzusetzen, kann man seinen Rechtschutz unter Umständen gut gebrauchen. Es kommt sogar vor, daß das immer rechtlich getrennte Tochterunternehmen als Rechtschutzversicherung gegen die eigene Muttergesellschaft einen Prozeß führt. Jedoch ist der eigene Rechtschutzversicherer ausgenommen.

Obwohl der Arbeitsrechtschutz relativ häufig gebraucht wird – nach Auto- und Geldstreitigkeiten an 3. Stelle – gibt es keine spezielle Absicherung, und diese ist nur im teuren Familienrechtschutz eingeschlossen. Gewerkschaftsmitglieder zahlen diesen Arbeitsrechtschutz meist durch ihre Beiträge. Manche Gewerkschaftler (z.B. HBV) erhalten automatisch den Familien- und Wohnrechtschutz durch die Mitgliedschaft.

Vielfach können örtliche Einrichtungen in mißlichen Lagen zumindest mit guten Ratschlägen oder Wegweiser-Empfehlungen helfen. Behörden sind auskunfts- und hinweispflichtig im Sozialbereich zu Fragen des Miet-, Familien- und Unterhaltsrechtes; sowie das Jugendamt und die Finanzämter.

Die Befugnis zur **kostenlosen Rechtsberatung** haben die **Verbraucherzentralen** und die **Öffentlichen Rechtsauskunftsstellen (ÖRA)** in Großstädten, sowie für ihre Mitglieder die Gewerkschaften und Mietvereine. Des weiteren gibt es bei den Innungen und Kammern Schieds- und Schlichtungsstellen für spezifische Probleme, die außergerichtlich bei Streitigkeiten vermitteln.

Das früher geltende Armenrecht wurde 1981 von dem **Prozeßkostenhilfe-Gesetz (PKH)** abgelöst. Damit soll die Chancengleichheit verbessert werden. Vorteile bringt das PKH auch Hilfesuchenden mit mittleren und höheren Einkünften, da die Zuschüße von dem effektiven Nettoeinkommen abhängig sind. Ein Ratsuchender kann sich direkt an einen Rechtsanwalt wenden. Die Beratungshilfe ist schriftlich beim Amtsgericht oder beim zuständigen Prozeßgericht am Ort zu beantragen; notfalls auch nachträglich. Selbst wenn kein Anspruch auf volle oder teilweise Erstattung besteht, können Ratenzahlungen bewilligt werden. Das gilt auch für Ehezwistigkeiten, wo die Rechtschutz-Versicherung nur in Ausnahmefällen eine Beratung bewilligt.

Fazit: Ein Verkehrsrechtschutz kann sein Geld in unvermeidlichen Situationen (z.B. Massenkarambolagen) wert sein. Dagegen dürfte eine Erweiterung des Rechtschutzes meist in keinem rechten Verhältnis zu den Beiträgen stehen. Dies gilt insbesondere für Alleinstehende. Haftpflichtversicherungen als Mini-Rechtschutz sind wesentlich wichtiger und billiger.

Konflikte, die zwangsläufig zu teuren Prozessen führen, sind rar, und kommen selten aus heiterem Himmel. Doch aggressive Vertriebsgesellschaften bestimmter Versicherer machen das Geschäft mit der Angst. Dafür, daß man nicht - wegen der Kosten – rechtlos ist, wird dann gleich für die Zeit von 5 (Vertrags)-Jahren vorgesorgt.

Die Prämien der privaten Rechtschutz-Versicherung sind steuerlich nicht als Sonderausgaben absetzbar.

Private Kranken-Vollkosten-Versicherung

Alle Jahre wieder müssen die Mitglieder der gesetzlichen Krankenkassen tiefer in die Tasche greifen. Dabei braucht sich der Beitrag gar nicht direkt zu erhöhen. Das besorgt die jährliche Anhebung des Höchstbeitragssatzes der Sozialversicherung für Renten und Arbeitslosenhilfe. Die Krankenkassentarife sind mit 75% daran gekoppelt. 1987 beträgt der Bemessungsbeitrag 4.275 Mark und ab 1988 4.500 Mark im Monat. Gestaffelt nach Einkommen werden die Versicherten mit Beitragssätzen zwischen 10% und 15% zur Kasse gebeten. Das sind teilweise über 600 Mark monatlich, wovon der Arbeitgeber in der Regel die Hälfte übernimmt. Noch 1970 waren für etwa gleiche Leistungen nicht einmal 100 Mark fällig. Seit diesem Zeitraum haben sich die durchschnittlichen Einkommen aber nur knapp verdoppelt.

Daß die Krankheitskosten für die gesetzlichen Kassen ins Kraut schießen, liegt nicht an den satten Gewinnen; das Gegenteil ist der Fall: Die Krankenkassen beklagen hohe Defizite. Die Gründe der gestiegenen Kosten – die alle mittragen – sind das teure Gesundheitswesen, das Anspruchdenken und der wachsende Rentneranteil mit geringen Beiträgen. Doch immer mehr kehren der Solidargemeinschaft den Rücken. Die Alternative ist, sich privat zu versichern. Mit Anzeigenkampagnen, Hochglanzprospekten und nicht zuletzt über verstärkten Vertretereinsatz gehen die Privatkrankenversicherer in die Offensive. Die gesetzlichen Kassen halten dagegen, und warnen vor unüberlegten, voreiligen Schritten, die später bereut werden könnten. Aber höhere Leistung für weniger Geld kann für manche durchaus ein Anreiz sein.

Die Frage – gesetzliche oder private Krankenversicherung – stellt sich vor allem höherverdienenden Angestellten, Selbständigen, Studenten und Beamten. Wahlmöglichkeiten haben Angestellte, deren Einkommen über der Pflichtversicherungsgrenze liegt (1987: 51.300 Mark jährlich), und die bisher gesetzlich krankenversichert sind, wobei durch Weihnachts- und Urlaubsgelder ein Gehalt von etwa 3.900 Mark ausreicht. Natürlich auch Arbeitnehmer, die sich selbständig machen wollen, mit Ausnahme von Gärtnern, Landwirten und Artisten. Gesetzlich pflichtversichert sind alle Arbeiter in der AOK, Betriebs- oder Innungskrankenkassen.

Der Vorwurf der Kassen, die privaten Versicherer würden ihre neuen Mitglieder von Hand verlesen, kommt nicht von ungefähr. Alle Antragsteller mit hohen Kostenrisiken werden über Tarife und Zuschläge abgeblockt oder gar nicht erst angenommen. Wenig interessant ist deshalb der Wechsel von Älteren, Kranken und Familien mit Kindern. Generell zahlen jüngere gutverdienende Alleinstehende und berufstätige Ehepaare, sowie Beamte nach einem gezielten Übertritt weniger als in den gesetzlichen Kassen. Bei berufstätigen Ehepaaren mit Kindern stellt sich die Kostenfrage über das Mitversichern von den Kindern. In der Regel werden die Kinder dem Besserverdienenden zugeordnet. Es gibt jedoch auch Ausnahmen: Rutscht der Besserverdienende als Privatversicherter unter die Beitragsbemessungsgrenze, dann darf die Krankenkasse des weniger verdienenden Partners die Kinder übernehmen, ohne daß dafür mehr bezahlt wird.

Vor einem Wechsel von der Krankenkasse zur privaten Kranken-Vollkosten-Versicherung sollte vor allem die **zukünftige Familienplanung** und die mögliche Einkommensentwicklung **bedacht** werden. Die Entscheidung nur von momentanen, optisch niedrigen Beiträgen abhängig zu machen, könnte beispielsweise nach der Familiengründung sich als Nachteil herausstellen. Ein Austritt aus der gesetzlichen Krankenkasse ist, von wenigen Ausnahmen abgesehen, in der Regel endgültig. Auch die finanzielle und rechtliche Entwicklung als Kassen- oder Privatpatient ist ungewiß. An Preissteigerungen im medizinischen Bereich werden beide beteiligt, doch konnten die Privatversicherer in den letzten Jahren die Preise stabiler halten.

Die private Krankenversicherung (PKV) hat für Neukunden im **Vergleich** mit der gesetzlichen Krankenkasse (GKV) **Licht und Schatten.**

Vorteile sind:

- Geringere Beiträge, insbesondere für Alleinstehende bei niedrigem Eintrittsalter und berufstätige Ehepaare ohne Kinder.
- Privilegien als Privatpatient ohne Überweisungen, freie Krankenhauswahl mit besserer Unterbringung nach gewähltem Tarif, Chefarzt-Behandlung, sowie freizügige Arzneimittelverordnung ohne Rezeptgebühren.
- Vertragsgestaltung ist individuell, mit risikogerechten Beiträgen und Selbstbeteiligung, sowie Beitragsrückerstattungen.
- Kostenersatz von Hilfsmitteln, wie Brillen, Kontaktlinsen, Spezialschuhen, ist flexibler und meist besser.
- Versicherungsschutz gilt für ganz Europa und in außereuropäischen Ländern, teilweise bis zu 6 Monaten.
- Krankentagegeld nach Bedarf und meist zeitlich unbegrenzt (GKV max. 78 Wochen).

Nachteile sind:

- Jeder Familienangehöriger, ohne eigenes Einkommen, muß mit gesonderten Beiträgen extra versichert sein.

- Wartezeiten ab Versicherungsbeginn betragen 3 Monate für bestimmte Leistungen, wie Zahnersatz.
- Vorerkrankungen können vertraglich ausgeklammert und Risikozuschläge bei schlechtem Gesundheitsstand erhoben werden.
- Krankenversicherungsbeiträge müssen während längerer Krankheit weiterbezahlt werden, ebenso die Rentenversicherung.
- Finanzielle Vorleistungen für Medikamente und eventuell Arztrechnungen, mit gewissem Abrechnungsaufwand.
- Unfälle und Krankheiten, die auf Vorsatz beruhen, sind, wie die aus Kriegsereignissen, ausgeschlossen.
- Kurbehandlungen, Homöopathie und Psychiatrie werden oft nur beschränkt erstattet.
- Keine Vergütung für Haushaltshilfen, häusliche Krankenpflege und Kinderpflege, sowie kein Mutterschafts- und Sterbegeld.
- Vergleichsweise hohe Beiträge als Rentner gegenüber den Krankenkassenmitgliedern, abhängig auch von der zukünftigen Gesetzgebung.

Grundsätzlich gilt: Je früher der Übertritt zur PKV erfolgt, desto preisgünstiger ist der Einstieg. Jüngere schaffen – trotz Niedrigpreisen – dem Versicherer ein finanzielles Polster für spätere Mehrausgaben. Das Eintrittsalter ist die Grundlage für zukünftige Beiträge. Einige Gesellschaften gestalten ihre Eintrittstarife mit fünfjährigem Altersabstand (z.B. 30 bis 35 Jahre usw.). Andere staffeln mit jährlichen Eintrittsbeiträgen. Meist ist der Stichtag für die Berechnung der 1. Dezember, wobei das Geburtsdatum verschieden eingestuft wird; vielfach kann es auch Verhandlungssache sein. Frauen haben wegen des "Geburtsrisikos" immer höhere Tarife als gleichaltrige Männer.

Fazit: Bei den **privaten** Krankenversicherungen **entfällt die soziale Komponente.** Die Absicherung der Krankheitsfolgen wird nach Mark und Pfennig abgerechnet. Wenig Kosten zu produzieren und Gesundbleiben zahlt sich wegen einer Beitragsrückvergütung für den einzelnen aus; während für die **gesetzlichen** Krankenkassen unter Umständen ein **Solidarbeitrag** zu zahlen ist. Vom gut verdienenden Junggesellen wird im Extremfall ein 7,5-fach höherer Beitrag verlangt als von einem Arbeitnehmer mit Minimaleinkommen. In der GKV spielt es keine Rolle, wie oft der Krankenschein ausgenutzt wird, ob kinderreich oder nicht. Die Leistungen sind, wie die Beiträge, immer gleich.

Versicherungsumfang und Beitragsvergleich:

Die private Kranken-Vollkosten-Versicherung setzt sich aus einem **Baukastensystem** verschiedener Positionen zusammen. Folgende Leistungen lassen sich im einzelnen variabel und nach persönlichem Bedarf in Umfang und Höhe gestalten:

- **Ambulante Heilbehandlung** (Arzt, Arzneien, Hilfsmittel)
- **Zahnbehandlung** (Zahnarzt, Zahnersatz, Kieferorthopädie)
- **Stationäre Heilbehandlung** (Krankenhaus, Wahlarzt, Komfort)
- **Krankentagegeld** (Verdienstausfall bei Arbeitsunfähigkeit)

Bei jeder Position sind zwischen den einzelnen Anbietern gewaltige Unterschiede in den Tarifen eingebaut. Der Dschungel ist gewollt, offiziell um den verschiedenen Bedürfnissen der Versicherten gerecht zu werden. Als Grundlage dienen die **Allgemeinen Musterbedingungen (MBKK)**, die der PKV-Verband ausarbeitete. Hiervon sind Verbesserungen im Detail zulässig, Abweichungen zum Nachteil des Kunden dagegen nicht. Da jeder Versicherer andere Vorstellungen hat und sich von seinen Wettbewerbern abheben will, herrscht ein völliger Tarifwirrwarr. Die Auflistung der Korrekturen geschieht meist dadurch, daß die hauseigenen Tarife direkt den Musterbedingungen gegenübergestellt werden. Trotzdem ist ein Vergleich fast unmöglich, und nur annähernd möglich, wenn Schwerpunkte gesetzt werden. Leistungen, die persönlich unverzichtbar sind, sollten dabei besonders beachtenswert sein. Dann erst kann die Suche nach preislichen Vorteilen beginnen.

Die **ambulante Heilbehandlung** schließt sämtliche Leistungen ein, die ein niedergelassener Arzt erbringt. Alle Behandlungskosten mit den verordneten Medikamenten werden erstattet, falls keine Selbstbeteiligung vereinbart ist. Unterschiede gibt es bei der Honorarhöhe von Heilpraktikern, der Begrenzung psychotherapeutischer Betreuung und dem Umfang von Vorsorgeuntersuchungen. Auch die Bezahlung von Hilfsmitteln ist sehr verschieden. Brillengläser und Kontaktlinsen werden meist voll erstattet. Bei Brillengestellen, Hörmitteln und Prothesen sind die finanziellen Abstriche ganz erheblich abweichend. Die Preisobergrenzen dürfen bei manchen PKV's nur einmal während eines Jahres erreicht werden, andere zahlen dagegen mehrmals. Erforderliche Taxikosten zur Behandlung erstatten einige teilweise und manche überhaupt nicht.

Eine **Zahnbehandlung** (Füllungen) ist nicht immer voll abgedeckt. Vereinzelt werden nur 80 – 90% der Rechnung anerkannt. Die Kosten für Zahnersatz werden meist zu 80% (GKV 60%) erstattet. Durch Summenbegrenzungen und über zeitliche Einschränkungen kann man im Einzelfall kräftig zuzahlen. Vor allem für Neukunden ist der Kostenersatz oftmals recht mäßig.

Für die **stationäre Behandlung** ist das Krankenbettzimmer (Ein-, Zwei- oder Mehrbettzimmer) und die Wahlarztbehandlung (Chef- oder Oberarzt) für die Beitragshöhe ausschlaggebend. Die Kosten hierfür werden immer voll ersetzt. Abweichungen in der Leistung gibt es bei kosmetischen Operationen nach Unfällen, möglichen Spezialbehandlungen im Ausland und bei Heilbehandlungen in gemischten Anstalten (Sanatorium). Des weiteren wird die Rückvergütung bei Verzicht von Wahlleistungen verschieden gehandhabt.

Das **Krankentagegeld** ist als Ersatz für den Verdienstausfall bis zum Nettoeinkommen frei wählbar. Nach einer Karenzzeit können die Einkünfte variabel ab dem 3. Tag oder erst nach einem Jahr abgesichert werden. Wichtig ist dabei, daß ohne zeitliche Begrenzung gezahlt wird. Einige Versicherer behalten sich ein Kündigungsrecht vor, doch die meisten verzichten darauf. Ferner ist die Erhöhung des Krankentagegeldes verschieden – über neue Gesundheitsprüfungen – geregelt.

Die Monatsprämien sind im wesentlichen vom Eintrittsalter, Geschlecht, Gesundheitsstand und eventuell vom Beruf abhängig. In der Gesamtrechnung muß auch die **Beitragsrückerstattung** mit einfließen, die **bis zu 6 Monatsbeiträge** betragen kann. Diese wird meist gewährt, wenn die Versicherung in einem Beitragsjahr oder länger nicht in Anspruch genommen wird. Für Angestellte wird somit auch der Arbeitgeberbeitrag ausgezahlt, was insgesamt den Eigenanteil erheblich senkt.

In den Verträgen für die Beitragsrückvergütung sind recht unterschiedliche Tücken eingebaut, die einen Vergleich erschweren:

Manche Gesellschaften zahlen nur, wenn alle Tarife schadenfrei bleiben. Andere dagegen erstatten Beträge separat aus den 3 Einzeltarifen (Arzt, Zahnarzt und Krankenhaus). Damit ist eine Rückvergütung wahrscheinlicher, mit dem Nachteil, daß der Erstattungsbetrag entsprechend niedriger ausfällt. Praktiziert werden prozentuale Beitragsnachlässe auf die Tarife, manchmal auch als Kombination mit Rückerstattungen. Des weiteren sogar für mehrere schadensfreie Jahre einen Gesundheitsbonus, mit dem Vorteil, daß man auch mit fortgeschrittenem Alter davon profitiert. Von den sogenannten erfolgsabhängigen Beitragsrückerstattungen sind besonders Jüngere begünstigt. Deshalb kann es im Hinblick auf die Zukunft wichtiger sein, eine Gesellschaft auszuwählen, die selten Beitragsanpassungen vornimmt und Kunden keine drastischen Preiserhöhungen zumutet. In der Kalkulation sind Sicherheitszuschläge, die die Vertragsleistungen sicherstellen müssen. Die Versicherer erwirtschaften Überschüsse, die sie von Amts wegen teilweise in irgendeiner Form den Versicherten zurückgeben müssen. Eine Rolle spielen dabei die Zinserträge aus Vermögensanlagen.

Für Angestellte und Selbständige sind die **Interessenlagen** bei der Auswahl des Tarifes **unterschiedlich:**

Der Angestellte erhält als Zuschuß von seinem Arbeitgeber 50% des Krankenversicherungsbeitrages. Dieser Zuschuß ist limitiert bis zur Hälfte der Höchstbeiträge der gesetzlichen Krankenkasse, meist der örtlichen AOK.

Für ärztliche Leistungen kann neben der vollen Kostenerstattung ein Selbstbehaltbetrag, gewissermaßen als Vorleistung, vereinbart werden. Wird eine hohe Selbstbeteiligung gewählt, verringern sich die Monatsbeiträge. – Damit die Firma den Vorteil nicht einseitig bekommt, lohnt es sich vor Abschluß, mit dem Arbeitgeber über eine Beteiligung an den Kosten des Selbstbehalts zu verhandeln. – Das Unternehmen kann solche Aufwendungen bis 1000 Mark dem Finanzamt gegenüber geltend machen. Vergünstigungen hätte der Arbeitgeber, weil die Beteiligung nicht laufend anfällt wie die Beiträge. Der Angestellte könnte eine Beitragsrückvergütung beanspruchen, wenn er die Versicherung im Beitragsjahr nicht in Anspruch nimmt.

Das Krankentagegeld braucht erst ab der 7. Woche versichert werden. Bis zu diesem Zeitpunkt bezahlt die Firma das Gehalt weiter. In vielen Branchen werden bei längerer Betriebszugehörigkeit, über die 6 Wochen hinaus, Zuschüsse bis zum vollen Nettogehalt gezahlt. Dadurch läßt sich mit einer individuellen Tarifgestaltung zusätzlich noch Geld sparen. Die Höhe des täglichen Verdienstausfallgeldes ergibt das Nettoeinkommen zuzüglich der Sozial- und Krankenversicherungsbeiträge, geteilt durch 30 Tage.

Für Selbständige ist es immer sinnvoll, eine Selbstbeteiligung für ambulante Behandlung mit einem Höchstbeitrag abzuschließen. Durch den Selbstbehalt verringert sich die Prämie weit mehr als die vereinbarte Summe, da die PKV auch Abrechnungskosten spart. Die Krankentagegeld-Versicherung ist wichtig für Freiberufler und Unternehmer, die voll mitarbeiten. Ab wann das **Tagegeld** gezahlt werden soll, kann die Frage entscheiden, ab wann finanzielle Einbußen schwer zu überstehen sind. In der Regel sind die Verträge so, daß bis zur Arbeitsfähigkeit oder bis zum Rentenantrag gezahlt wird. Um ein Krankfeiern zu verhindern, zahlen die Versicherungen nur den Betrag, der entsprechend dem **vorjährigen Tages-Durchschnitts-Nettoeinkommen** entspricht. Wer wenig verdient und hoch versichert ist, muß einen entsprechenden Abschlag hinnehmen.

Die Fragen der Leistungen und Tarife sollten Sie nach Ihren persönlichen Verhältnissen und des Gesundheitszustandes bewerten. Es gibt sehr große Beitragsunterschiede der einzelnen Gesellschaften. **Eine Empfehlung ist schwierig, da es keine absolut günstige Krankenversicherung gibt.** Zu verschieden sind die Angebote je nach Alter und Geschlecht.

Eine Übersicht der überregionalen, nicht berufsständigen Privatversicherer kann nur einige Auswahlkriterien andeuten, da noch viele feine Unterschiede möglich sind:

Gesellschaft	1 Rück- vergüt.	2 Behandl. Ausland	3 Rück- transp.	4 Kur- zuschuß	5 Zahner- satz %	6 Zahner- satzkost.	7 Einbett- Zimmer	8 KTG-Kün- digung
Barmenia	+	?	–	?	7/56	–	–	?
Bavaria	+	?	–	+	80	–	–	+
Berliner Verein	+	+	+	+	100/60	–	–	+
Central	+	–	?	+	75	–	–	?
Colonia	+	+	+	+	100/80	?	–	–
Continentale	+	+	?	?	80	?	–	–
Deutscher Ring	–	+	–	+	100/75	+	–	+
DKV	+	+	–	–	75	+	–	?
Gothaer	–	+	–	+	80	?	+	?
Hallesche Nationale	–	+	–	+	80	+	–	–
Hanse-Merkur	+	+	?	+	80	–	–	–
Inter	?	+	–	+	80	–	+	–
Landeskrankenhilfe	+	–	?	+	90	–	+	?
Landvolk Oldenburg	–	+	–	–	100/80	+	–	–
LMV	–	–	–	–	80	?	+	?
Münchner Verein	+	?	–	?	80	–	+	–
Nova	+	?	+	?	80	+	–	–
Partner	+	+	+	?	80	+	–	?
Savag	+	+	–	?	80	?	+	–
Signal	+	+	?	+	80	–	–	?
SDK	+	–	+	+	100/66	–	–	–
Union	+	+	–	–	80	?	–	–
Universa	+	?	–	?	80	+	–	–
Vereinigte	+	–	–	?	75	–	–	–
Victoria-Gilde	–	–	?	?	80	–	–	–

Erläuterung:
+ = enthalten bzw. inklusive;
– = nicht enthalten bzw. extra gegen Mehrpreis;
? = unterschiedlich bzw. eingeschränkt.

(1) **Beitragsrückvergütungen** für 1985 werden in unterschiedlicher Höhe direkt gewährt. ? = Beitragsnachlaß auf Dauer, ansonsten keine unmittelbare Beitragsrückerstattung.

(2) **Gezielte Spezialbehandlung im Ausland** auch nach höheren Gebührensätzen möglich. ? = mit Einschränkung bzw. nach Einzelentscheidung, ansonsten Abrechnung nur nach deutschen Gebührensätzen.

(3) **Krankenrücktransportkosten aus dem Ausland** sind im Tarif enthalten. ? = nur mit gewissen Einschränkungen, ansonsten ist die Rückholung extra zu versichern.

(4) **Auswärtige Kuren** werden mit Tagegeldern für die Unterkunft bezuschußt. Diese sind im Tarif bereits einkalkuliert. ? = kann gegen Aufpreis separat versichert werden, ansonsten kein Angebot.

(5) **Zahnersatz** wird mit X-Prozenten erstattet, den zweiten Prozentsatz erhält man nach einer Summenbegrenzung.

(6) **Zahnersatzkosten** erhalten Neukunden zum normalen Tarif, bzw. werden relativ großzügig erstattet. ? = Bezahlung laufender Zahnersatzkosten nach Vereinbarung bzw. im Einzelfall, ansonsten wird in den ersten Versicherungsjahren nur ganz begrenzter Kostenersatz zugestanden.

(7) **Ein-Bett-Zimmer** Im Krankenhaus ist im Tarif enthalten, ansonsten nur gegen Mehrpreis.

(8) **Krankentagegeld**, auf ordentliche Kündigung seitens der PKV wird auch bei Neukunden verzichtet. ? = keine Kündigung bei Wechsel von der GKV, ansonsten Kündigungsverzicht, wenn eine Vollkostenversicherung bei der gleichen Gesellschaft besteht.

Ausnahme: Inter und Victoria-Gilde behalten sich beim Krankentagegeld ein Kündigungsrecht vor.

Da es für viele nur einen einmaligen Wechsel zur richtigen privaten Krankenversicherung gibt, lohnt es sich, zahlreiche Angebote einzuholen. Der Aufwand, möglichst alle Gesellschaften anzuschreiben, kann mit einem kopierten Musterbrief vereinfacht werden. Neben Angaben des Alters und Berufes sollten Sie gezielte Fragen stellen: Nach den besonderen Verbesserungen gegenüber den Musterbedingungen. Bei dem Krankentagegeld über die Leistungsdauer, spätere Erhöhung des Krankentagegeldes und des Kündigungsschutzes. Wichtig für einen Vergleich sind die letzten und die bevorstehenden Beitragserhöhungen, sowie die vergangenen Beitragsrückerstattungen. Des weiteren die Möglichkeiten der Selbstbeteiligung, Wartezeiterlaß und einer Ruheversicherung, falls durch Änderungen der Schutz unterbrochen werden muß.

Eine Vorauswahl ist wegen der enormen Beitragsunterschiede sicher relativ leicht. Versicherer, die auf besonders großzügige Leistungen hinweisen, sind meist nicht so preisgünstig, denn alles muß ja bezahlt werden. Manche Versicherte zahlen also für Extras mit, selbst wenn sie keinen gesteigerten Wert darauf legen (z.B. Ein-Bett-Zimmer). Sollten mehrere Familienmitglieder versichert werden, kann es durchaus sein, daß verschiedene Gesellschaften für den einzelnen besonders günstig sind; und es spricht nichts gegen eine unterschiedliche Wahl. Ein Irrtum wegen fehlender Übersicht kann später sehr teuer zu stehen kommen.

Versicherungen, die statt eines schriftlichen Angebots gleich, oder kurz danach, einen Vertreter ins Haus schicken, sollten Sie vorsichtig begegnen. Bevor Sie sich selbst nicht einen Überblick der Unterlagen beschafft haben, ist eine einseitige „Beratung“ sehr fragwürdig. Wenn Sie trotz Studium der meist recht übersichtlichen Unterlagen bei der Auswahl Probleme haben, könnte Ihnen vielleicht Ihr Haus- oder Zahnarzt **Entscheidungshilfe** geben. Eventuell auch Versicherungsmakler, wenn sie Verträge von möglichst vielen Gesellschaften vermitteln. Übrigens, Kundenbeteiligungen an der Abschlußprämie sind nicht außergewöhnlich !

Vor einem Wechsel sollte ein nahtloser Übergang gewährleistet sein. Die bestehende Versicherung darf erst die Kündigung bekommen, wenn der neue Versicherungsschutz schon schriftlich bestätigt ist. Zuvor wird erst ein Probeantrag gestellt, der für beide Seiten als unverbindlich gilt. Dabei müssen alle wichtigen Vorerkrankungen detailliert angegeben werden. Alte Leiden und falsche Angaben über den Gesundheitszustand können auch nach Jahren den Versicherungsschutz kosten.

Bei Gesundheitsschäden ist es ratsam, gleichzeitig mehrere Probeanträge an ausgewählte Gesellschaften zu stellen. Die Fragen nach früheren Ablehnungen sind dann gegenstandslos. Das Risiko wird immer verschieden beurteilt, und somit auch mögliche Risikozuschläge. Der Versicherer kann vor einer gültigen Zusage Arztatteste verlangen, zum Teil auf eigene Kosten. Vor Vertragsunterzeichnung kann über vieles noch verhandelt werden. So auch über gesundheitsbedingte Kürzungen im Leistungsumfang. Da dies eine teure Angelegenheit werden kann, sind solche Ausschlüsse stets abzulehnen.

Beamte erhalten im Krankheitsfall Beihilfe vom ”Vater Staat”. Es braucht deshalb nur ein Kostenanteil von 50% (Ehefrau 30%, Kinder 20%) versichert werden. Da die Krankenkassen keine Spezialtarife kennen, sind die meisten Staatsdiener privat abgesichert. Die Vorteile bei niedrigen Restkosten sind überzeugend, wenn man bedenkt, daß auch Pensionäre 70% Zuschuß erhalten.

Studenten müssen sich ab dem 25. Lebensjahr (plus abgeleisteter Wehrdienstzeit) selbst versichern. Während des Studiums kann die Versicherungspflicht in der GKV aufgehoben werden. Die Pauschalbeiträge in der PKV sind mit 2 Mark geringfügig höher als in der GKV. Diese Regelung gilt nur während des Studiums, bei regelmäßigem Einkommen unter 467 Mark monatlich und höchstens bis zum 34. Lebensjahr.

Versicherungsbestand und Kündigung:

Als Privatpatient erhalten Sie von Ihrem Arzt Rechnungen für die entstandenen Aufwendungen. Diese sollten bezahlt und gesammelt werden, bis die Summe die vereinbarte Selbstbeteiligung übersteigt. Falls nur kleine Rechnungen anfallen, dann gilt es zu überlegen, ob eine Beitragsrückerstattung gerettet werden kann. Ansonsten sind die Arztrechnungen nicht sofort zu begleichen, sondern erst, wenn der eingereichte Betrag von der Versicherung überwiesen ist. Dagegen sind Medikamente im voraus zu bezahlen, und diese können von der Versicherung erst verrechnet werden, sobald die ärztliche Diagnose hierfür vorliegt.

Alle Arzt- und Zahnarztrechnungen werden nach der Gebührenordnung (GOÄ und GOZ) mit Faktoren abgerechnet. Erhöhte Zuschläge müssen vom Arzt begründet sein, damit die Versicherung diese voll anerkennt. Viele PKV's zahlen nur den üblichen Gebührensatz. Besonders vor umfangreichen Zahnbehandlungen ist es ratsam, sich einen Kostenvoranschlag geben zu lassen. Der volle, aber summenmäßig begrenzte Kostenersatz, den manche Tarife vorsehen, kann so in Etappen über die nächsten Jahre ausgeschöpft werden. Mit einer Kostenübernahmeerklärung, die vor einer Behandlung anzufordern ist, werden die Kosten bei stationären Krankenhausaufenthalten intern verrechnet.

Beim Krankentagegeld ist wichtig, daß die Arbeitsunfähigkeitsbescheinigung rechtzeitig bei der Versicherung vorliegt. Trifft die Meldung verspätet ein, so wird das Tagegeld erst nach diesem Zeitpunkt bezahlt, auch wenn der Termin früher gewesen wäre. Kulanz gibt es kaum !

Ausgehend vom Eintrittstermin, können die einzelnen Positionen nachträglich geändert werden. Es lohnt sich, die bestehenden Tarife auf mögliche Beitragssenkungen zu untersuchen. Dabei braucht sich die gesundheitliche oder persönliche Situation gar nicht geändert haben. So könnten die vergangenen Jahre Anlaß sein, beispielsweise die Selbstbeteiligung zu erhöhen oder das „Zweibettzimmer" zu ändern.

Die meisten Gesellschaften **verzichten einseitig** und von Anfang an auf ihr ordentliches **Kündigungsrecht.** Andere erst nach 3-jähriger Mitgliedschaft. Als Vollversichertem, sollte dieser Unterschied ein wichtiges Kriterium sein, den Schutz nicht ungewollt zu verlieren. Wegen des Versicherungsschutzes können Sie Beiträge nicht einfach verweigern. Beiträge sind sogar von der Versicherung einklagbar.

Als Privatversicherter kann man 3 Monate vor Ablauf des Versicherungsjahres kündigen. Außerordentliches Kündigungsrecht besteht bei Beitragserhöhung oder bei Kürzung der Leistung. Der Vertrag wird aufgehoben, wenn Sie wieder pflichtversichert sind; durch **Absinken des Gehaltes** unter die Beitragsbemessungsgrenze, **Arbeitslosigkeit** oder wenn die **Selbständigkeit aufgegeben** wird. Dann besteht die Möglichkeit, offiziell als Mitglied in die **gesetzliche Krankenkasse oder Ersatzkasse** zurückzukehren. Wenn das Gehalt niedriger als die Beitragsgrenze ist, besteht die Möglichkeit, weiterhin Privatversicherter zu bleiben. Man kann sich einmal und für immer von der Versicherungspflicht in der GKV befreien lassen. Eine Rückkehr ist dann nicht mehr möglich, auch wenn das Einkommen die Grenze später wieder überschreitet.

Der Rentner mit einem gesetzlichen Rentenanspruch erhält einen Zuschuß in Höhe des Rentenzahlbetrages, inklusive Betriebsrenten (1987: 5,9%) zur Krankenversicherung. Selbst wer eine hohe Rente erhält, deckt nur unzureichend die Beitragskosten zur privaten Krankenversicherung. Bei Rentnern kann jedoch der Baustein Krankentagegeld entfallen. Allerdings wird ein Rentner in die GKV wieder aufgenommen, wenn früher für die meiste Zeit während des Arbeitslebens eine Mitgliedschaft bestanden hatte (Halbdeckung). Ohne Anspruch auf Altersruhegeld müssen im Alter die Prämien der Krankenversicherung aus eigener Tasche bezahlt werden.

Ein **Wechsel** von einer privaten Versicherung zu einer anderen will reiflich überlegt sein. Bis etwa **zum 35. Lebensjahr** und bei guter Gesundheit dürfte es **problemlos** sein. Später, wenn das Eintrittsalter zwischenzeitlich höher ist, steigt die Tarifeinstufung entsprechend. Außerdem gibt es Wartezeiten, die nur durch ärztliche Untersuchung und auf eigene Kosten erlassen werden. Die alte Versicherung sollte auf jeden Fall erst gekündigt werden, wenn der neue Vertrag unter Dach und Fach ist. Offiziell ist der Wechsel zwischen den Privatversicherern unerwünscht, deshalb wird in den Anträgen darauf hingewiesen.

Besondere Hinweise und Tips:

Die **Beiträge erhöhen sich** bei den einzelnen Gesellschaften **recht unterschiedlich.** Bei manchen gibt es regelmäßige Beitragsanpassungen alle 2 Jahre, während andere über 4 Jahre ihre Tarife halten und dann unter Umständen kräftig erhöhen. **Vor Vertragsabschluß** sollten Sie sich über die Gepflogenheiten **informieren,** damit Sie den derzeitigen Tarif richtig einschätzen können.

Die **Krankentagegeld-Versicherung** können Sie auch **separat** bei einer preisgünstigeren Gesellschaft abschließen. Allerdings besteht dann oft kein einseitiger Kündigungsschutz seitens des Tagegeldversicherers, mit eventuellen späteren Nachteilen im Ernstfall.

Vorsicht bei Tagegeldverträgen mit **automatischer Dynamisierung** entsprechend der allgemeinen Einkommenssteigerung. Das Tagegeld sollten Sie nach Bedarf selbst erhöhen können, ohne Fragen nach der Gesundheit und möglicher Wartezeit. Außerdem richtet sich die Höhe nach dem tatsächlichen Einkommen, Überversichern ist hinausgeworfenes Geld !

Seit 1983 besteht ein Sozialversicherungsgesetz für Künstler und Publizisten. Bei Einkommen unter der Beitragsbemessungsgrenze können "Freischaffende" Mitglied in der Sozialkasse werden. Mit einem genehmigten Antrag braucht man nur die Hälfte der nach den Einkünften festgelegten Sozialversicherungsbeiträge (Renten- und Krankenversicherung) zu bezahlen. Mit Hinweis auf mögliche Voraussetzungen sind genaue Unterlagen anzufordern bei der Künstlersozialkasse, Postfach 669, 2940 Wilhelmshaven.

Wer für ein bestimmtes Leiden einen Risikozuschlag bezahlt, kann nach einem Versicherungsjahr beantragen, daß der Zuschlag aufgehoben wird. Allerdings darf es während des Jahres, bei diesem Risiko, zu keiner Versicherungsleistung - sprich Erkrankung - kommen. Durch einen positiven, ärztlichen Befund wird in der Regel der Risikozuschlag ersatzlos gestrichen. Das Attest ist jedoch selbst zu bezahlen.

Bei Arbeitslosigkeit oder Weiterbildung kann meist gratis oder gegen geringen Beitrag eine Ruhe- und Anwartschaftsversicherung vereinbart werden. Dadurch bleibt das vertragliche Eintrittsalter auch später auf der gleichen Tarifbasis. So sind eventuelle neue Gesundheitsrisiken nicht beitragssteigernd anrechenbar.

Die in ausländischer Währung entstandenen Krankheitskosten werden zum Tageskurs in Mark von der Versicherung umgerechnet. Deshalb sollten Rechnungen, vor allem mit schwacher Währung, sofort vorgelegt werden.

Wer einen Arzttermin als Privatpatient vereinbart und nicht einhält, kann eine Rechnung für Honorarausfall bekommen. Eine Erstattung seitens der Versicherung erfolgt nicht.

Krankenversicherungsbeiträge - abzüglich Arbeitgeberzuschuß - können von der Steuer als Sonderausgaben abgesetzt werden. Die bezahlte Selbstbeteiligung dagegen nur als „Außergewöhnliche Belastung".

Private ambulante Heilbehandlung-Zusatz-Versicherung:

Als Krankenkassenmitglied lassen sich kostenmäßig höhere Arztleistungen extra versichern. Mit einer solchen Zusatzpolice ist man jedoch **kein „normal privilegierter" Privatpatient** wie der Vollkosten-Versicherte. Bei jedem Besuch von Fachärzten oder auch Universitätsprofessoren muß die GKV mitziehen, da die Privatversicherer ihre Mehrleistungen von einer Beteiligung der GKV abhängig machen. Beispielsweise dürfen Heilpraktiker nicht auf Krankenschein behandeln, somit müßte die Kasse ausnahmsweise etwas an der Behandlung bezahlen. Über die Zusatzversicherung sind diese Kosten meist nur teilweise abgedeckt; Komplikationen sind also vorprogrammiert.

Wie bei der privaten Vollkostenversicherung herrscht in den Leistungen der Versicherer ein totales Durcheinander. Die Zuschüsse über die ärztliche Gebührenordnung (GOÄ) hinaus erstatten viele nicht. Große Unterschiede gibt es bei der Psychotherapie und bei den Heilpraktikern. Mehrkostenersatz bei Zahnbehandlungen und Zahnersatz sind kaum im Angebot.

Die Tarife folgender Versicherer unterscheiden sich ganz erheblich, ohne daß hierfür Leistungsunterschiede deutlich werden:

Barmenia
Bavaria
Berliner Verein
Central
Colonia
Continentale
Deutscher Ring
DKV
Gothaer
Hallesche-Nationale
Hanse-Merkur
Inter
Münchner Verein
Nova
Partner
Signal
SDK
Victoria-Gilde

Diese Zusatzversicherung hat ihren Preis. In der Regel kostet der monatliche Beitrag beim Eintrittsalter von 40 Jahren etwa 60 Mark. Frauen zahlen meist erheblich mehr.

Private Krankenhaus-Zusatz-Versicherung:

Mitglieder der gesetzlichen Krankenkasse können durch eine Zusatzversicherung Privatpatient im Krankenhaus werden. Gegenüber dem "Allgemeinen Pflegesatz“ sind die Leistungen je nach Geldbeutel und Flexibilität der Gesellschaft frei kombinierbar:

– Ein-, Zwei- oder Mehrbettzimmer
– Chefarzt- oder Stationsarzt-Behandlung

Mit dieser Ergänzung dürfen in der Regel Spezialkliniken - auch außerorts - frei ausgewählt werden. Die Differenz der Behandlungskosten des GKV-Satzes und dem Höchstsatz der Arztgebührenordnung (GOÄ) gleicht der Versicherer aus. Einige Gesellschaften sind noch großzügiger und erstatten höhere Honorare für eventuelle Spezialoperationen im Ausland. Allerdings gibt es auch Tarife, die nur vereinbarte Wahlleistungen ersetzen, wie etwa das Zwei-Bett-Zimmer mit Chefarztbehandlung. Wird beispielsweise ein teures, auswärtiges Krankenhaus aufgesucht, dann kann es passieren, daß die Krankenkasse auf die örtlichen Pflegesätze verweist. Für den Unterschiedsbetrag muß, gemäß den Bedingungen, der Versicherte aufkommen.

Verzichtet der Privatpatient auf seine Wahlleistungen im Krankenhaus, gibt es als Ausgleich Krankenhaustagegeld. Die Unterschiede sind recht beachtlich: zwischen 20 und 120 Mark. Manche Versicherer kennen in ihren Tarifen keinen Unterschied für Ein- oder Zweibettzimmer. Die Luxuspolice kostet manchmal ein Drittel mehr, ohne daß es im Versicherungsfall einen finanziellen Ausgleich gibt. Beispielsweise, wenn keine Einbettzimmer frei sind und der Patient mit einem Doppelzimmer vorlieb nehmen muß.

Wenn wegen der unterschiedlichen Beitragshöhe eine Entscheidung zu treffen ist, sollte die Behandlung durch den Chefarzt höher eingestuft werden, als der scheinbare Komfort eines Einbettzimmers. Die Kriterien zur Einholung von Angeboten und bei der Auswahl der Gesellschaft sind ähnlich wie bei der Vollversicherung, jedoch weniger aufwendig. Es gibt Beitragsunterschiede von über 100%. Relativ günstige Männer- und Frauentarife für alle Altersklassen bieten bei Wahl eines Doppelzimmers mit Chefarztbehandlung folgende Gesellschaften:

Barmenia
Landvolk
SDK
Victoria-Gilde

Bei den gesetzlichen Krankenkassen wird man in der Regel vom diensthabenden Arzt behandelt, und in Mehrbettzimmern untergebracht. Falls jedoch eine medizinische Notwendigkeit besteht, werden auch bei dem Kassenpatienten dieselben Leistungen wie bei dem Privatklienten erbracht. Da inzwischen viele moderne Krankenhäuser ausschließlich Zweibettzimmer haben, sind solche Wahlleistungen in vielen Gegenden überflüssig. Beim Krankenhausessen gibt es sowieso kaum Unterschiede. Für eine Familie kann der vermeintliche Komfort eine schöne Stange Geld kosten. Dieses Zusatzgeschäft ist für die Versicherer jedenfalls äußerst lukrativ.

Private Krankenhaus-Tagegeld-Versicherung:

Laut Werbung ist mit dieser Extravereinbarung jeder Krankenhaustag auch „Zahltag", und das noch steuerfrei. Das Krankenhaustagegeld soll eventuelle Mehrausgaben für Ersatzmuttis, Fahrtkosten von Angehörigen, Lektüre und Geschenke für das Pflegepersonal abdecken.

Privatversicherte, die die Zahlungen zum Ausgleich des Verdienstausfalles einbeziehen, können sich verrechnen, denn schwerwiegende Krankheiten müssen nicht im Krankenhaus auskuriert werden. Eine maßgeschneiderte, private Krankengeldabsicherung wäre effektiver.

Da dieser Zusatz kaum zur Sicherung der Einkommens- und Vermögensverhältnisse erforderlich ist, kann die **Krankenhaustagegeld-Versicherung vom Bedarf her als Luxusversicherung eingestuft werden.** Insbesondere, wenn wichtigere Bereiche, etwa das Haftrisiko oder die Berufsunfähigkeit, nicht abgesichert sind.

Risiko-Lebensversicherung:

Die Nachfrage nach einem preiswerten Schutz, der das reine Risiko eines frühen Todes abdeckt, wird immer größer. Ein Grund ist, daß trotz der von den meisten Gesellschaften favorisierten Kapitallebensversicherung, sich viele ganz gezielt absichern wollen. Des weiteren ist das Angebot der Risiko-Lebensversicherung wesentlich attraktiver geworden. Ab 1987 wird teilweise eine neue Sterbetafel zur Tarifberechnung angewendet, da die alte Grundlage von 1962 absolut nicht mehr zeitgemäß ist. Tarifvorteile haben insbesondere Frauen wegen höherer Lebenserwartung, die sich in niedrigeren Beitragszahlungen ausdrückt. Für Männer ändern sich die Prämien nur unwesentlich.

In erster Linie dient die Risiko-Lebensversicherung dazu, um Lücken in der Hinterbliebenenversorgung zu stopfen. Also für junge Familien mit Kindern, Selbständige, Bauherren und Existenzgründer. Die Risiko-Lebensversicherung eignet sich, über einen disponierten Zeitraum Angehörige abzusichern. Die vereinbarte Versicherungssumme wird ausbezahlt, wenn der Versicherte während der Versicherungslaufzeit stirbt. Dadurch soll die Familie im Todesfall den bisherigen Lebensstandard aufrechterhalten können. Die Absicherung ist besonders wichtig bei geringem Rentenanspruch und wenn kein Vermögen vorhanden ist. Häufig wird auch von Bauherren verlangt, Darlehen und Hypotheken über eine Risiko-Lebensversicherung zu garantieren.

Im Gegensatz zur Kapital-Lebensversicherung wird **das einbezahlte Geld** nicht angespart, sondern **ausschließlich zur Risikoabdeckung** verwendet. Deshalb erhält der Kunde bei Überleben der Vertragslaufzeit kein Geld zurück. Entsprechend niedrig sind auch die Monatsbeiträge.

Versicherungssummen und Beitragsvergleich:

Um den angemessenen Bedarf einer Risikolebensversicherung anzusetzen, müßten erst die derzeitigen Renten- und Versorgungsansprüche geprüft werden, sowie das verwertbare Vermögen. Bei jungen Familien wird in der Regel das Einkommen über Renten mit maximal einem Drittel abgedeckt, während bei Familien mit schulpflichtigen Kindern höchstens die Hälfte abgesichert ist. Ferner ist zu überlegen, ob der überlebende Ehegatte arbeiten kann, wie lange die Kinder versorgt werden müssen, wieviel und wie lange Schulden zu tilgen sind.

Als Faustformel für die Versicherungssumme sollte das **jährliche Nettoeinkommen** dienen:

das Vierfache	–	bei Familien mit kleinen Kindern
das Dreifache	–	bei Familien mit älteren Kindern
das Zweifache	–	bei kinderlosen Ehepaaren

Für eine **Monatsrente** von 1.000 Mark könnte als Richtwert der Deckungsbetrag ungefähr festgelegt werden:

bei 30 Jahren – 120 000 Mark
bei 40 Jahren – 100 000 Mark
bei 50 Jahren – 70 000 Mark

Das Kapital wird bei den genannten Summen aufgezehrt. Auch Inflationsverluste sind dabei nicht berücksichtigt. **Sinnvoller ist es, die Versicherungssumme hoch zu wählen, dafür die Laufzeit so kurz wie möglich zu halten.** Mit zunehmendem Alter steigen die Rentenansprüche, Vermögen wird gebildet, die Schulden getilgt und die Kinder haben dann auch ein eigenes Einkommen.

Seit einiger Zeit bieten immer mehr Gesellschaften die Risiko-Lebensversicherung mit drastisch gesenkten Tarifen an. Der offiziell ausgewiesene Beitrag ist überhöht und für die Risikoabsicherung nicht erforderlich. Die **Beitragssenkung erfolgt über Rabatte,** die dem Versicherten sofort angerechnet werden. Allerdings erst nach Abzug aller Kosten durch Verwaltung und Vertrieb. Danach müssen mindestens 90% der erzielten Erträge dem Versicherten zufließen.

Das herkömmliche System des **"Schlußgewinnanteil"** ist nicht mehr konkurrenzfähig. Zunächst muß der Kunde weit überhöhte Beiträge zahlen. Die so erzielten Gewinne sind beträchtlich, denn sie ergeben sich aus der vorgeschriebenen vorsichtigen Kalkulation. Die Versicherungen dürfen damit arbeiten und später auf zweierlei Art vergüten: Entweder im Todesfall mehr als vereinbart auszahlen oder nach Vertragsende den Gewinnanteil, als Bonus, je nach Ertragslage zurückerstatten.

Bei dem neuen Rabattsystem sind **zwei Arten** zu unterscheiden, die im Endeffekt das gleiche Ergebnis vorweisen:

– Sofortrabatt:

Der Bruttobeitrag wird sofort gesenkt, z.B. um 50% = Nettoprämie (Jahrestarif = brutto 400 Mark auf 200 Mark netto).

Vorteil: Höhe der Versicherungssumme ist immer fest.
Nachteil: Prämien können schwanken.

– Leistungsrabatt:

Die Versicherungssumme ermäßigt sich z.B. um 50% (statt 100.000 Mark nur 50.000 Mark Versicherungssumme erforderlich).

Vorteil: Prämien immer konstant.
Nachteil: Versicherungssumme kann sich ändern.

Falls die Gewinne der Versicherung absinken oder dort schlecht gewirtschaftet wird, kann der Beitragsrabatt oder die Leistung weniger werden. Allerdings dürfte es wegen der immer noch vorsichtigen Kalkulation und gehöriger Reserven nur in Ausnahmefällen große Sprünge geben. Der Nachlaß darf gesetzlich nur für 2 Jahre im voraus garantiert werden.

Die Prämienhöhe der Risiko-Lebensversicherung setzt sich aus der Versicherungssumme, Eintrittsalter, Geschlecht und Laufzeit zusammen. Da das Altersrisiko und die Versicherungsdauer von den Gesellschaften recht unterschiedlich kalkuliert wird, gibt es keinen absoluten preiswürdigen Spitzenreiter.

Die Ansprüche des Bezugsberechtigten, bei Tod des Versicherten, sind in den "Allgemeinen Versicherungsbedingungen" der Kapitalversicherung auf den Todesfall (ALB) einheitlich geregelt. Nur kann, wie schon angemerkt, bei einer eventuellen Auszahlung die Ertragslage des gewählten Unternehmens nach langer Laufzeit unterschiedlich sein.

Da die Beiträge individuell sind, nachstehend zur Übersicht die Tarife eines günstigen überregionalen Anbieters. Die **Hannoversche Leben** hat Jahresnettoprämien für Männer bei 100.000 Mark Versicherungssumme (Frauen zahlen 23% weniger):

Eintrittsalter	**Laufzeit 10 Jahre**	**Laufzeit 20 Jahre**
25	219	305
30	238	351
35	281	447
40	365	624
45	537	917

Effektiv günstige Leistungen (Sofort- bzw. Bonusrabatte) bieten im Einzelfall folgende Gesellschaften:

Vita	HUK-Coburg
Cosmos	Quelle + Partner
Futura	Gerling-Konzern
Europa	Neue Leben
Dialog	Transatlantische

Es gibt Versicherungen, die regional tätig sind oder nur für bestimmte Personengruppen zum Teil interessante Prämien anbieten.

Bei Versicherungsgesellschaften, die Rabatte offerieren, können die **Prämienunterschiede über 50%** liegen. Die Jahresbeiträge der Gesellschaften mit **Schlußgewinnanteil** sind in der Regel **doppelt so teuer** wie die der preisgünstigen Anbieter. Als "Belohnung" für die hohen Prämien erhält man nach Versicherungsablauf ein paar Tausendmarkscheine für den Sparvertragsanteil.

Viele Versicherungen können oder wollen nicht die Risiko-Lebensversicherung feilbieten. Dafür verkaufen sie lieber die prämienintensive Kapital-Lebensversicherung. Wenn dies bei manchen kritischen Kunden nicht möglich ist, soll es wenigstens eine Risikoabsicherung mit verzinslicher Ansammlung sein, denn hierauf ist die Provision des "Beraters" noch einigermaßen interessant. Nur bei ganz Kostenbewußten wird dann das Rabattsystem aus dem Ärmel gezogen, das sie meistens als letzte Alternative vorweisen können, um nicht leer auszugehen.

Es gibt außer der beschriebenen Standard-Risikolebensversicherung mit konstanten Beiträgen und gleichbleibender Deckungssumme noch weitere **Varianten, die je nach Bedarf Vorteile bringen:**

1. Bei der **"fallenden Risiko-Lebensversicherung"** sinkt die Versicherungssumme gleichmäßig von Jahr zu Jahr bis zum Ende der Laufzeit auf Null. Dieses Vertragsmodell wird angewendet, um ein Hypothekenrisiko kontinuierlich abzutragen, und beim langfristigen Vermögens- und Versorgungsaufbau. Die Jahresprämien kosten etwa nur die Hälfte, weil auch das Versicherungsrisiko stetig fällt.

2. Mit der **Restschuldversicherung** ergibt sich eine Verfeinerung, wenn die Versicherungssumme variabel fallend gewählt wird. Die Restschuld kann entsprechend des ermittelten Tilgungsverlaufes der Hypothek der Deckung genau angepaßt werden. Die Risikosumme fällt also in den ersten Jahren nur wenig, danach jedoch umso mehr. Trotz optimaler Absicherung läßt sich mit dieser Form viel Geld sparen. Die Versicherung kann zum Vorteil des Kunden niedriger kalkulieren.

3. Mit der Risiko-Lebensversicherung können sich auch 2 Personen gegenseitig absichern. Beispielsweise interessant für berufstätige Ehepaare. Die Versicherungssumme wird fällig bei Tod des zuerst Sterbenden. Der Jahresbeitrag der **Verbundenen-Risiko-Lebensversicherung** kostet etwa nur 50% mehr gegenüber dem einfachen Vertrag.

Im Wirtschaftsmagazin "Capital" (Heft 1/87 und 4/87) wird auf neue günstige Abschlußmöglichkeiten von Risikoversicherungen hingewiesen. Nach einem Urteil des Europäischen Gerichtshofes dürfen neuerdings EG-Versicherer, ohne hiesige Niederlassung, Lebensversicherungen verkaufen. Die **britischen Tarife** sind gegenüber deutschen oft **über die Hälfte billiger.** Über einen Fonds haben sich die Versicherer dort - ähnlich wie bei uns die Banken - zusammengeschlossen, und bei Pleiten ist das Geld mindestens mit 90% abgesichert. Für gezielte Anfragen bzw. Probeanträge gelten die gleichen Formalitäten: Eintrittsalter, Laufzeit, Versicherungssumme, und bei manchen Versicherern gibt es Nachlässe für Nichtraucher auf die Prämien. Der Postweg für Anfragen kann sich trotz Wechselkursschwankungen, besonders bei hohen Risikosummen und mit niedrigem Eintrittsalter, überaus lohnen. Die Jahrespolice kostet für einen 35-jährigen (100.000 Mark bei 10 Jahren Laufzeit) nur **etwa 90 Mark !** Anschriften einiger Gesellschaften siehe Adressenteil !

Versicherungsbestand und Kündigung:

Spätestens nach 10 Jahren Vertragslaufzeit kann die bestehende Risiko-Lebensversicherung mit einer Kapital-Lebensversicherung gewechselt werden. Die bislang gezahlten Beiträge sind dann verloren. Da sich die Beitragshöhe wieder nach dem Eintrittsalter richtet, hat man keine Vorteile. Außer, daß vom Versicherer keine Fragen nach der Gesundheit gestellt werden.

Falls Sie eine Risiko-Lebensversicherung mit Schlußgewinnanteil vor nicht allzu langer Zeit abgeschlossen haben, kann ein Wechsel zum neuen System durchaus sinnvoll sein. Oder wenn sich Ihre persönlichen Verhältnisse bezüglich eines Risikos geändert haben, **zahlt sich die Vertragstreue nicht aus.** Vor allem, wenn die Versicherung noch ein Jahrzehnt und länger läuft.

Die Kündigungsfrist ist kurz: einen Monat nach Eingang der schriftlichen Verzichterklärung darf der Versicherer die gezahlten Beiträge als Gewinn verbuchen. Vor diesem endgültigen Schritt sollte die neue "bessere" Risiko-Lebensversicherung verbindlich vorliegen.

Bei einem Antrag müssen alle Vorerkrankungen und Leiden gewissenhaft angegeben werden, um den Versicherungsschutz nicht zu riskieren. Bereits ab 120.000 Mark Deckungssumme verlangen viele Gesellschaften - natürlich auf deren Kosten - eine ärztliche Untersuchung.

Sollten **gesundheitliche Bedenken** bestehen, empfiehlt sich, **gleichzeitig mehrere Probeanträge** zu stellen. Denn in jedem Antrag wird gefragt, ob schon eine Versicherungsgesellschaft einen Lebensversicherungsantrag abgelehnt hat. Die Frage kann dann wahrheitsgemäß verneint werden.

Besondere Hinweise und Tips:

Beim Tod des Versicherten ist die Lebensversicherungs-Gesellschaft verpflichtet, die Auszahlungen der Versicherung dem Finanzamt zu melden. Durch die hohen Freibeträge der Erbschaftssteuer, und des steuerfreien Zugewinn in einer Ehe, müssen die Hinterbliebenen selten Steuer wegen der "Erbschaft" zahlen.

Falls der Verstorbene Schulden hinterläßt, brauchen die Begünstigten mit der ausgezahlten Versicherungssumme nicht dazu haften. Voraussetzung ist, daß vor dem Tod ein unwiderrufliches Bezugsrecht schriftlich bei der Versicherung festgehalten wurde.

Die meist mitangebotene Unfalltod-Zusatzversicherung ist eine teure Spielerei. Danach erhalten die Hinterbliebenen bei Unfalltod die doppelte Versicherungssumme ausbezahlt. Entweder besteht ein höherer Risikobedarf, dann sollte die volle Deckungssumme entsprechend angehoben werden, oder es besteht keiner, dann erübrigt sich dieser Zusatz. Zudem kostet die Unfallverdopplung pro 1.000 Mark bis zu 1,50 Mark jährlich. Die normale Unfallversicherung ist billiger.

Da die Risiko- gegenüber der Kapital-Lebensversicherung den Vermittlern weit weniger an Provision bringt, wird häufig mit Überredungskünsten versucht, Kunden gezielte Absicherungen auszureden. Ins Gespräch kommen dann prämiensenkende Laufzeiten bis zum 85. Lebensjahr, enorme Steuerersparnisse, das Geld ist nicht verloren, Beleihungsrechte, Gewinnbeteiligung, beste Geldanlage ohne Spekulation, Teilauszahlungen, und dergleichen mehr. Alles widerlegbare Argumente (siehe Kapital-Lebensversicherung).

Die Prämien der Risiko-Lebensversicherung können als Sonderausgaben bei der Steuererklärung eingesetzt werden.

Berufsunfähigkeits-Versicherung (BUV):

Der Gedanke an einen folgenschweren Unfall oder andauernde Krankheit wird meistens verdrängt. Erst recht in jungen Jahren ist für viele unvorstellbar, daß sogar eine fortwährende Arbeitsunfähigkeit eintreten könnte. Entsprechend selten wird die Erwerbsfähigkeit auch abgesichert. Vielleicht ist es auch der Glaube an das soziale Netz.

Tatsächlich wird jeder sechste Erwerbstätige bis zum 65. Lebensjahr unfähig, seinen Beruf auszuüben. Zu unterscheiden ist dabei zwischen Erwerbs-, Dienst- und Berufsunfähigkeit. Die gesetzliche Rentenversicherung spricht von Erwerb, d.h. wenn jemand außerstande ist, körperlich oder geistig auf Dauer einer Erwerbstätigkeit nachzugehen. Dienstunfähigkeit betrifft Beamte, die innerhalb eines Zeitraumes von 6 Monaten 3 Monate keinen Dienst ausführen konnten, und keine Aussicht besteht, innerhalb von 6 Monaten wieder voll dienstfähig zu werden. Für die privaten Versicherer gilt, wenn der Beruf oder eine gleichwertige Tätigkeit entsprechend der Ausbildung und Erfahrung dauernd nicht mehr ausgeübt wird.

Die finanziellen Folgen eines Schicksalsschlages sind noch erträglich, wenn ein langjähriger Anspruch auf Berufs- und Erwerbsunfähigkeitsrente der Sozialversicherung besteht. Dazu eventuell ein Anrecht auf eine Firmenrente. Der gewohnte Lebensstandard ist bei einem Berufsunfall meist befriedigt über die Berufsgenossenschaft gesichert. Ebenso bei Unfällen, die andere verschulden, und hinter dem Schädiger ein Haftpflichtversicherer steht, der für die Unfallfolgen aufkommt.

Erhebliche Versorgungslücken haben durch langwierige, schlimme Krankheiten und schwere Unfälle besonders Erwerbs- und Dienstunfähige, wie:

Berufsanfänger, die erst nach 5 Berufsjahren einen Rentenanspruch erlangen und nach 10 bis 15 Jahren eine ganz bescheidene Rente erwarten dürfen. Auch junge Beamte sind in den ersten 10 Jahren schlecht abgesichert.

Selbständige, die 5 Jahre freiwillig sozialversichert waren und ab 1984 laufend Mindestbeiträge (1987 insgesamt 1.128 Mark) zur gesetzlichen Rentenversicherung einzahlen, erhalten einen kleinen Zuschuß zum Lebensunterhalt.

Hausfrauen, Schüler und Studenten haben keinen Anspruch auf Erwerbsunfähigkeitsrenten der gesetzlichen Sozialversicherung, auch wenn sie kurz berufstätig waren.

Versicherungssummen und Beitragsvergleich:

Um dem Risiko eines sozialen Absturzes vorzubeugen, bieten die Versicherer recht selten sinnvollen privaten Schutz. Nicht nur "schutzwürdige Problemgruppen" erhalten meist nur kostenträchtige Offerten. Folgende Vorsorge wird für **krankheitsbedingte Erwerbsminderung** angeboten:

- Kapital-Lebensversicherungen mit max. 24% Berufsunfähigkeits-Anteil, offiziell für die Alters- und Hinterbliebenenvorsorge, sowie als Anhängsel eine Rente bei Erwerbsunfähigkeit. Bei ausreichendem Schutz sind die Beiträge immens teuer, besonders in jungen Jahren.
- Risiko-Lebensversicherung kombiniert mit Berufsunfähigkeit eignet sich zum Absichern hoher Kredite (Bauspardarlehen). Im Todesfall und bei Erwerbsunfähigkeit des Versicherten gibt es Geld, um die Zahlungsverpflichtungen zu erfüllen. Da die Beiträge des Spezialrisikos ohne Sparanteil sind, kosten sie wesentlich weniger.
- Selbständige Berufsunfähigkeits-Versicherung dient zur gezielten Absicherung eigener Rentenansprüche. Über Vertragsvarianten kann je nach Geldbeutel der Bedarf angesetzt werden. Doch sind Hausfrauen, Schüler und Studenten in der Auswahl benachteiligt, denn die Rentenhöhe ist bei den wenigen Anbietern begrenzt.

Maßgebend zur Ermittlung der angemessenen Monatsrente der BUV sind die bisherigen und zukünftigen Rentenansprüche, sowie eventuelle Betriebsrenten. Außerdem sollte das vorhandene Vermögen mit der Überlegung verbunden werden, wer noch und wie lange zum Lebensunterhalt beitragen kann. Dazu gehört auch, wie die Altersrente im Extremfall zu finanzieren ist.

Bisher wurde die BUV hauptsächlich als Zusatz zur Kapital-Lebensversicherung verkauft. Da das Risiko der Berufsunfähigkeit schwer kalkulierbar ist, und sehr leistungsintensiv sein kann, ist die BUV bei den meisten Versicherungen nicht beliebt. Da der Außendienst keine "schnelle Mark" machen kann, wurde die Existenz der relativ günstigen Invaliditätsabsicherung häufig dem Kunden verschwiegen.

Die eigenständige Berufsunfähigkeits-Versicherung, ohne Zusatz der Lebensversicherung, wird nur von wenigen Gesellschaften angeboten. Doch der Markt ist wegen des höheren Verbraucherbewußtseins in Bewegung, und die Versicherungen müssen flexibel reagieren.

Für eventuelle Rentenleistungen gibt es unterschiedliche Auszahlungssysteme: Bei pauschal ab 50% Berufsinvalidität erhält man die volle vereinbarte Rente. Oder gestaffelt mit 25/75% bzw. 33,3/66,6%, danach wird nach dem Prozentsatz des eingestuften Berufsunfähigkeitsgrades gezahlt. Die volle Leistung ist nur ab 75% bzw. 66,6% Invalidität zu beanspruchen. Welche Regelung im Einzelfall die bessere Alternative ist, hängt von möglichen Krankheiten ab, und wer kann das voraussehen. Die Pauschalregelung dürfte für alle in körperlich tätigen oder unfallgefährdeten Berufen vorteilhafter sein. Dagegen könnte bei nicht schwerwiegenden Krankheiten eine Staffelung als finanzieller Ausgleich günstiger sein, denn die Sozialversicherung springt erst bei einer Erwerbsunfähigkeit von über 50% ein.

Von den wenigen Anbietern mit dem preisgünstigen Sofortrabatt auf die laufenden Beiträge kann keine absolut günstige Gesellschaft genannt werden. Die Tarife sind im Einzelfall verschieden. Zur Orientierung: Die Jahresnettobeiträge für eine BUV-Rente von monatlich 1.000 Mark (ab 50% Berufsunfähigkeit) bis zum 60. Lebensjahr von **Equity & Law** sind:

Eintrittsalter	**Männer**	**Frauen**
20	482	621
25	501	646
30	533	690
35	579	756
40	631	831
45	654	862

Folgende Versicherer wenden auch das Sofortrabattsystem an: **Generali, Inter Leben und National Union.**

Seit kurzem gibt es eine Variante, bei der die vereinbarte BUV-Rente über die Vertragslaufzeit hinaus bis zum Rentenalter gezahlt wird. So können kurze Vertragsfristen abgeschlossen werden, bis die Versorgungslücken besser aufgefüllt sind. Dies dürfte vor allem für Berufsanfänger interessant sein. Beispielsweise betragen die Jahresnettoprämien für eine monatliche Erwerbsunfähigkeitsrente von 1.000 Mark bis 60 Jahre und nur 15 Jahre zu bezahlender Vertragslaufzeit, die nur **Equity & Law** anbietet:

Eintrittsalter	**Männer**	**Frauen**
20	429	541
25	433	544
30	479	609
35	522	716

Fast alle Gesellschaften, die die selbständige BUV anbieten, kalkulieren nach dem Schlußgewinnsystem (wie bei der Risiko-Lebensversicherung), und sind deshalb mit ihren monatlichen Prämien teilweise **über 40% teurer.** Der meist schlecht verzinste Sparanteil wird erst nach Versicherungsablauf ausgezahlt.

Versicherungsbestand und Kündigung:

Die Rente wird bei dem Pauschalsystem frühestens ab dem 7. Monat bei mindestens 50% Berufsunfähigkeit fällig. Voraussetzung ist, daß der Beruf oder eine gleichwertige Tätigkeit nicht mehr ausgeübt werden kann. Rehabilitationsmaßnahmen oder Umschulungen, wie bei der Sozialversicherung, sind nicht erforderlich. Der Gesundheitszustand ist ausschlaggebend, ob die Rente bis zum Vertragsende bzw. bis zum Rentenalter gezahlt wird. Während der Berufsunfähigkeit entfallen Beitragszahlungen. Allerdings muß von der Rente, entsprechend dem Ertragsanteil, geringfügig Steuer gezahlt werden. Eine **Rentensteigerung** von jährlich **2 - 4%** ist in den Prämien bereits eingeschlossen.

Nach den Versicherungsbedingungen müssen alle Gesundheitsfragen gewissenhaft beantwortet werden. Der Versicherer kann bei falschen Angaben auch noch nach 10 Jahren von dem BUV-Vertrag zurücktreten. Der Versicherungsschutz ist ausgeschlossen, falls die Berufsunfähigkeit absichtlich durch Selbstverletzung oder bei vorsätzlich strafbaren Handlungen verursacht wurde.

Die BUV-Rente wird mit der Pauschalregelung gezahlt, wenn der Versicherte über einen Arzt nachweist, daß er infolge von Krankheit, Körperverletzung oder Kräfteverfall voraussichtlich dauernd seinen Beruf weniger als 4 Stunden täglich ausüben kann. Ein entsprechend höherer Invaliditätsgrad - 66,6% bzw. 75% - ist bei dem gestaffelten System nötig.

Eine unterschiedliche Auffassung der Versicherung führt unter Umständen zu Rechtsstreitigkeiten. Durch angeordnete, ärztliche Gegenuntersuchungen seitens der Gesellschaft, können neben dem Gericht auch ein Ärzteausschuß eine Entscheidung treffen. Sinkt die Beeinträchtigung der Arbeitsfähigkeit unter den bestimmten Prozentsatz, dann wird keine Rente gezahlt bzw. anteilmäßig weniger. Mit dem Staffelsystem bei wechselnden Invaliditätsprozenten könnte Ärger mit dem Versicherer an der Tagesordnung sein.

Wie bei der Lebensversicherung kann die Berufsunfähigkeits-Versicherung mit einer Frist von einem Monat gekündigt werden. Besonders bei Schlußgewinn-Abschlüssen ist der Kündigungsverlust empfindlich.

Besondere Hinweise und Tips:

Die Kombination, Risiko-Lebensversicherung mit einer BUV, bietet sich insbesondere zur Absicherung eines hohen Kredites an. Der vorzeitige Tod des Schuldners sichert zwar das Risiko der Schuldentilgung; aber auch bei Berufsunfähigkeit kann der Ernährer seinen finanziellen Verpflichtungen nicht mehr nachkommen. Möglicherweise hätten mit einer solchen Kombination einige Zwangsversteigerungen von Eigenheimen vermieden werden können. Preiswerte Anbieter mit sofortigem Rabatt sind unter anderem:

Dialog	Europa
Cosmos	Equity & Law
Hannoversche	HUK-Coburg
National Union	Generali

Preislich wesentlich günstigere Prämien (bis ca. 40%) ergeben die **"BUV mit einer Risiko-Lebensversicherung als Restschuldversicherung gekoppelt",** mit linear fallender Risikoabdeckung. Diese Besonderheit bieten nur wenige Gesellschaften günstig an, unter anderem:

Equity & Law	Allg. Rentenanstalt
Vita	Basler Leben

Eine Unfallversicherung überschneidet sich mit der BUV. Doch die wenigsten Erwerbsunfähigkeitsrenten werden wegen Unfällen (ca. 7%) gezahlt. Krankheiten durch Herz- und Kreislaufschwäche stehen an erster Stelle. Deshalb sollte bei Kombinationen der Schwerpunkt die Berufsunfähigkeit sein. Aus Kostengründen könnte dann die Freizeit-Unfallversicherung gewählt werden.

Die Beiträge zur Absicherung der Berufsunfähigkeit sind steuerlich als Sonderausgaben abzugsfähig.

Kapital-Lebensversicherung:

Für die Altersversorgung ist jeder Angestellte und Arbeiter verpflichtet, Beiträge in die gesetzliche Rentenversicherung einzuzahlen. Bis zu der Beitragsbemessungsgrenze (1987: 5.700 Mark / 1988: 6.000 Mark monatlich) teilen sich Arbeitnehmer und Arbeitgeber die Pflichtbeiträge. Beamte bekommen über Pensionen ihre Altersversorgung gratis vom Vater Staat. Ein Selbständiger muß sich selbst um seine Rente kümmern, privat oder über freiwillige Zahlungen zur gesetzlichen Rentenversicherung.

Trotz der enormen Steigerung der Beitragssätze von 11% im Jahr 1957 kontinuierlich bis 1987 auf 18,7% (Höchstbeitrag 1.066 Mark im Monat) kommt die Sozialversicherung immer mehr ins Gerede. Die Gründe sind die langfristige Überalterung der Bevölkerung, die zurückgehenden Geburtenziffern und weniger Beitragseinzahlungen der Kurzarbeiter und wegen Arbeitslosigkeit. Experten schätzen, daß durchschnittlich 25% Versorgungslücken geschlossen werden müssen, um 75% des letzten Nettogehaltes zu erreichen.

Neben der gesetzlichen Rentenversicherung haben zwei von drei Arbeitnehmern Anspruch auf eine zusätzliche Rente des Betriebes oder der Dienststelle. Die Höhe der Pensionszusagen ist recht unterschiedlich; abhängig von der Branche und der Größe des Betriebes.

Als Hauptargument dient den Versicherungsgesellschaften bei der Altersversorgung die "Drei-Säulen-Theorie": Sozialversicherung plus Betriebsrente, sowie als dritte Säule die gemischte Kapital-Lebensversicherung. Mit der Erlebensfall-Versicherung, wie sie noch genannt wird, erhält der "Versicherte" mindestens die vereinbarte Kapitalsumme im voraus festgelegten Alter, oder seine Angehörigen, falls er vorher stirbt.

Eigentlich hat diese Lebensversicherung ein falsches Etikett, denn im Grunde ist sie nur ein **verkappter Sparvertrag** mit garantierter Rendite von 3,5%. Nur etwa 10 - 20% der eingezahlten Beiträge wird zur Risikoabdeckung verwendet. Der "Rest" wird gespart und verwaltet.

Auf die garantierte Versicherungssumme müssen 90% der erzielten Überschüsse dem Kunden gutgeschrieben werden. Da jedes Unternehmen unterschiedlich wirtschaftet, können die Leistungen von den Versprechungen stark abweichen. In der **Vergangenheit** waren die Überschußzahlungen und somit die **Rendite ziemlich mager.** Um von der Renditediskussion wegzukommen, hat die Gemeinschaftswerbung der Lebensversicherer inzwischen den Slogan geändert; aus „Sicherheit mit Dividende“ wurde schlicht „Leben braucht Sicherheit“.

Für diese Sicherheit werden Jahr für Jahr über 30 Milliarden Mark eingezahlt. Daß das Neugeschäft nicht zurückgeht, dafür sorgen mehrere 100.000 haupt- und nebenberufliche Vermittler, die sich bevorzugt auf den Lebensversicherungsverkauf stürzen. Der Anreiz ist die lukrative Abschlußvergütung. Es gibt sofort viel Geld, und die Provision ist bereits voll verdient, wenn der Kunde ein Jahr lang seine Beiträge zahlt. In anderen Sparten erhält ein Vertreter wesentlich weniger, und später nur Folgeprovisionen, solange der Kunde versichert ist. Diese Anspruchpraxis der vollen Vermittlungsprovisionen verlängert sich bei manchen Gesellschaften ab 1987 bis zu einer Frist von 3 Jahren.

Meist wird zunächst als Service eine kostenlose Rentenberechnung angeboten. Über die eingezahlten Sozialversicherungsbeiträge läßt sich ermitteln, welcher Anspruch erworben wurde und abschätzen, welche Rente später zu erwarten ist. Anhand der Zahlen ist es leicht, Versorgungslücken aufzuzeigen mit dem Ziel, daß eine private Absicherung, und zwar die Kapital-Lebensversicherung unbedingt gebraucht wird. Vielfach werden dabei die Karten Risiko und Angst ausgespielt und bewußt mit hohen Gewinnversprechungen gereizt. Mit welch unsauberen Abschlußtechniken der Policenverkauf getätigt wird, belegen die erschreckend hohen Stornoquoten. **Rund zwei Drittel** aller Lebensversicherungsverträge werden aus vielerlei Gründen, **nicht** - wie meist angestrebt - **durchgehalten** und mit hohen Verlusten geändert oder aufgehoben.

Versicherungsumfang und Beitragsvergleich:

Eine Kapital-Lebensversicherung ist auch in Zeiten niedriger Zinsen eigentlich nur unter dem **Gesichtspunkt der Steuerersparnis sinnvoll.** Voraussetzung ist, daß die eingezahlten Beiträge im Rahmen der Sonderausgaben voll abzusetzen sind. Da sich Einkommen, Berufstätigkeit und die Steuergesetzgebung ändern können, sind die Grenzen der Sonderausgaben oft schnell erreicht. Deshalb empfiehlt sich, nur die **kürzeste Laufzeit** von 12 Jahren zu **wählen,** damit die Auszahlung steuerfrei erfolgt.

Weitere Gründe wären für die noch überschaubare Zeit die Inflation und das kleinere Risiko einer eventuell "miesen" Gewinnbeteiligung. Allerdings kann die Durchschnittsrendite bei 12 Jahren geringfügig niedriger sein. Es ist gefährlich, sich einseitig mit einem langfristigen Vertrag mit hohen Beträgen bis zum Rentenalter an einen Lebensversicherer zu binden.

Die Kapital-Lebensversicherung ist ein recht bequemer Vermögenssparvertrag mit langfristigen Ratenzahlungen. Die Versicherer legen das eingezahlte Geld an und lassen es arbeiten. Der Staat profitiert davon auch, denn viele Gelder fließen in Schuldverschreibungen. Durch die regelmäßige Geldflut wurde ein gigantisches Vermögen angehäuft. Zum Wohle der Aktionäre, die in den letzten Jahren ein Vielfaches an Vermögenszuwachs einstreichen, und über die Renditen der Einzahler wahrscheinlich nur müde lächeln können.

Eine ausreichende Familienvorsorge im Todesfall kann wegen der Beiträge normalerweise nur über eine Risiko-Lebensversicherung abgedeckt werden. Für die zusätzliche Altersvorsorge bietet sich alternativ eine private Rentenversicherung an. Diese ist besonders für Ältere auch eine Art steuerbegünstigter Sparvertrag, jedoch ohne Zuschlag für den vorzeitigen Tod und ohne Gesundheitsprüfung. Darüber hinaus gibt es noch zahlreiche **andere Möglichkeiten der zusätzlichen Altersabsicherung,** bei der kein Verwaltungskostenanteil mit hohen "Jägerprovisionen" die Rendite bremst. Beispielsweise Eigenheim, Investmentfonds, Aktien, Auslandsanleihen und Beteiligungen, um nur ein paar Stichworte zu nennen.

Die Beiträge zur Lebensversicherung sind fast überall gleich. Der Unterschied liegt bei dem Gewinnanteil, der zusätzlich zur Versicherungssumme ausgezahlt wird. Eine Entscheidung ohne Berücksichtigung der Leistungsfähigkeit des Unternehmens kann sehr teuer werden. Denn unter den etwa 100 Gesellschaften gibt es einige schwarze Schafe, die für den Vertrieb und die Verwaltung fast soviel ausgeben, als an Beiträgen eingeht. Der Ausgleich erfolgt dann aus den stillen Reserven der Kundengelder. Oder es werden Millionenbeträge, die nur treuhänderisch zu verwalten sind, einfach für völlig fremde Zwecke abgezweigt. Gesetzlich müssen zwar 90% der Überschüsse auf das Konto der Versicherten gutgeschrieben werden. Aber vorher werden alle denkbaren Kosten abgedeckt und Gewinne verlagert. Was unter dem Strich von den Prämien und Zinsen übrig bleibt, ergibt dann den Überschuß. Jede Gesellschaft rechnet und arbeitet anders.

In verschiedenen Zeitschriften werden über Beispielsrechnungen Vergleiche der Lebensversicherer erstellt. Wie die Leistung der Verträge in der Vergangenheit aussah, und wie sie sich in Zukunft entwickeln können. Die mathematische Hochrechnung auf die Zukunft muß vom Versicherungs-Aufsichtsamt genehmigt sein, vorbehaltlich der bisherigen Gewinnermittlung. Ein verbindlicher Gewinnanteil darf sowieso nur 2 Jahre im voraus genannt werden. Neben den geschätzten Versicherungsleistungen bei Vertragsende gibt es auch Vergleiche, wie die Rückzahlung bei einer vorzeitigen Kündigung aussieht.

In einer Übersicht hat das Wirtschaftsmagazin CAPITAL die Unterschiede der ca. 100 Lebensversicherer veröffentlicht. Als Basis diente ein Sechzigjähriger, bei einem monatlichen Beitrag von 100 Mark, der nach unterschiedlichen Laufzeiten folgende Auszahlungen erhält bzw. später bekommen kann:

bis 1986	**Laufzeit**	**Einzahlungen** in Mark	**Versicherungsleistungen (Verzins.)** in Mark
seit 1956	12 Jahre	14.400	16.835 (2,55%) – 20.752 (5,89%)
seit 1966	20 Jahre	24.000	34.982 (3,61%) – 46.410 (6,16%)
seit 1974	30 Jahre	36.000	69.626 (4,07%) – 96.976 (5,94%)
ab 1986			
bis 1998	12 Jahre	14.400	17.785 (3,44%) – 20.864 (5,94%)
bis 2006	20 Jahre	24.000	39.365 (4,69%) – 49.527 (6,73%)
bis 2016	30 Jahre	36.000	85.121 (5,22%) – 115.257 (6,89%)

Diesen Zahlenwerten ist der Männertarif von 1986, ohne Sonderleistungen (Extras), zugrundegelegt. Die leistungsschwachen sind mit den stärksten und optimistischen Versicherern direkt miteinander vergleichbar. Der Werbeslogan des Verbandes bewahrheitet sich: "Die richtige Versicherung zu haben, kann ein Vermögen wert sein."

Neue Tarife mit überarbeiteten Sterbetafeln werden ab 1987 Zug um Zug eingeführt. Für Männer kann sich die Rendite bei einzelnen Gesellschaften geringfügig verschlechtern. Frauen zahlen wegen der höheren Lebenserwartung zukünftig weniger Beiträge für die gleiche Leistung. Das reine Risiko des vorzeitigen Todes wurde bei der Lebensversicherung mit einem Anteil von ca. 20% kalkuliert. Mit veralteten Sterbetafeln (von anno 1962) ergaben sich sogenannte Sterblichkeitsgewinne, wodurch sich der Risikoanteil verringerte. Doch die nach Geschlechtern getrennten neuen Todesstatistiken bringen nur den Frauen Vorteile.

Die Leistungsfähigkeit und Qualität einer Lebensversicherung kann nach verschiedenen Kriterien beurteilt werden:

Erträge aus Vermögenswerten:

Neben den **3,5% Zinsen**, die garantiert sind, zahlen die Gesellschaften noch Erträge aus dem von Kundengeldern angesammelten Vermögen. Je nachdem, wie diese Gelder angelegt sind, ergeben sich Renditen im Durchschnitt zwischen **7% und 9%**.

Aufwendungen für die Verwaltung:

Hierzu zählen die laufenden Verwaltungskosten, die von den eingezahlten Beiträgen abgezogen werden. Braucht ein Unternehmen mehr für die Verwaltung, als vorher kalkuliert, dann wird der Gewinnanteil des Kunden geschmälert. Das Verhältnis Beiträge zu Kosten beträgt bei zwei Lebensversicherern langfristig um **10%.** Die überwiegende Mehrheit verwaltet zwischen **20% und 30%,** während ein paar Ausreißer über **50%** ausgeben. Vergleichsweise gibt die gesetzliche Rentenversicherung für ihre Verwaltung weniger als 2% aus. Auch Banken brauchen nur einen Bruchteil - selbst gegenüber sparsamen Versicherern.

Kosten für den Vertrieb:

Aus den Verwaltungskosten sind die Vertriebskosten vorschriftsgemäß getrennt herauszurechnen. Die kalkulierten Beiträge enthalten bereits die Abschlußprovisionen, nur kommen bei diesem Posten noch zusätzliche Ausgaben für den Kundenfang hinzu. Hier gibt es natürlich enorme Unterschiede, die die Überschüsse beeinflussen können. Logischerweise brauchen diese Versicherungen am wenigsten, die keinen Außendienst unterhalten und hauptsächlich durch Empfehlungen ihre Policen verkaufen.

Vertragskündigungen:

Die Stornoquoten geben Rückschlüsse, wie seriös der Außendienst arbeitet. Die Vertragstreue der Kunden ist von der guten Beratung abhängig. Windige Vertreter, die nur auf ihre Provisionen erpicht sind, verkaufen oft Verträge mit viel zu hohen Monatsbeiträgen, bei denen der Kunde dies erst hinterher merkt und kündigen muß. Direktversicherer, also ohne Außendienst, haben die geringsten Stornos mit unter **2%.** Auf den Mittelplätzen liegen fast alle großen Gesellschaften zwischen **4% - 7%** Stornierungen. Bis über **15%** Stornos produzieren Versicherer, die zum Teil Vertriebsorganisationen einschalten.

Mit einem Antrag zur Lebensversicherung müssen genaue Angaben über den Gesundheitszustand gemacht werden. Bei hohen Versicherungssummen (ab ca. 120.000 Mark) oder von älteren Personen (ab 55 Jahren) wird eine ärztliche Untersuchung, auf Kosten der Versicherung, notwendig. Wird ein Antrag wegen eines Gesundheitsrisikos abgelehnt, oder mit Einschränkungen bzw. nur mit Prämienzuschlag akzeptiert, so wird das im Zentralcomputer registriert. Andere Gesellschaften können dann, vor Antragsannahme, mögliche Risiken abfragen.

Der Vertrag kommt juristisch zustande, wenn der erste Jahresbeitrag bezahlt ist. Obwohl es laut dem Aufsichtsamt nicht erwünscht ist, Erstbeiträge einzuklagen, versuchen es manche Unternehmen doch. Rechtlich ist dies möglich, aber genauso - als Reaktion - die sofortige Verringerung der Versicherungssumme auf das **Minimum von 5.000 Mark.** Das empfiehlt sich dem Neuversicherten, um den Schaden einer unüberlegten Unterschrift zu begrenzen. Sollte der Vertrag nachweislich unter unsauberen Bedingungen zustande gekommen sein, dann kann man den Abschluß anfechten. Nach Vertragsunterzeichnung wird noch eine Bedenkzeit von 10 Tagen eingeräumt. Eine üble, aber praktizierte Masche ist es, den Vertrag so vorzudatieren, daß die Bedenkzeit bei Unterzeichnung schon vorbei ist.

Günstige überregionale Anbieter **ohne** "Vertreter-Service" mit langfristig geringen Kosten und vergleichsweise guten Vergangenheits-, Zukunfts- und Rückkaufswerten sind die:

Hannoversche Leben und HUK-Coburg

Zukunftsträchtige Lebensversicherer sind individuell nach Eintrittsalter, Geschlecht und Laufzeit:

überregional:	**regional und berufsständige:**
Cosmos	Öffentliche Braunschweig
Europa	Westfälische Provinzial
Partner	Kölner Post
Debeka	Vereinigte Post
Neue Leben	Versicherungsgruppe Hannover
Deutsche Beamten	Provinzial Kiel

Bei der Wahl einer Lebensversicherung könnten Sie auch die Überlegung anstellen, ob das Unternehmen gewinnorientiert für Aktionäre arbeitet oder als **Versicherungsverein,** wo die Überschüsse satzungsgemäß Eigentum der Vereinsmitglieder, also der Versicherten sind. Gewähr gibt es natürlich für keine Gesellschaft, auch nicht für öffentliche Anstalten, da sowohl die eine wie die andere gut oder schlecht mit den Kundengeldern wirtschaften kann. Letztlich sollte das preiswürdigste Angebot entscheiden.

Damit Sie bei der Wahl des Versicherers keine Niete ziehen, sollten Sie Sicherungen einbauen. Auch bei günstigen Unternehmen können die Leistungen differieren, je nach Laufzeit des Vertrages. Jede kundenfreundliche Gesellschaft kann Sie mit Computer-Ausdrucke über den **Ablauf** der Leistungen bis zum Vertragsende **detailliert informieren.** Ausgehend von der aktuellen Gewinnbeteiligung, jeweiligem **Rückkaufwert** bei vorzeitiger Kündigung, eventueller Leistungen im Todesfall bis zur voraussichtlichen **Auszahlung** am Ende der Laufzeit. Dabei darf der Vermerk nicht fehlen, daß die Beispielsrechnung den amtlichen Segen hat.

Zur Kontrolle der gegebenen Zukunftsprognosen erhalten Sie ferner die **Werte der Vergangenheit,** also Beispielsrechnungen eines vergleichbaren Vertrages, der jetzt zur Auszahlung kommt. Falls beide Angaben wesentlich voneinander abweichen, beispielsweise die Summen etwa mehr als 1 - 1,5%, dann dürfte die Voraussage der Ablaufleistung geschönt sein. Auch **Fragen** nach den Prozentsätzen der **Vermögenserträge** und der **Kostenquote** der Verwaltung (steht im Geschäftsbericht), könnten Ihne Aufschluß über die Qualität der Lebensversicherung geben.

Die Gesellschaften verrechnen ihre erzielten Überschüsse nach zwei Verfahren, die sich auf den Verlauf des Vertrages unterschiedlich auswirken:

- **Bonussystem:** Der Überschußanteil erhöht ständig die Versicherungsleistungen. Bei Tod, Rückkauf oder Beitragsfreistellung wird eine höhere Auszahlung fällig, als beim Überschußsystem. Versicherungstechnisch wird der Bonus ähnlich wie die "Dynamik" verrechnet.
- **Überschußsystem:** Die Kapitalerträge werden von der Versicherung gesammelt und verzinst. Erst bei Vertragsende, also im Erlebensfall, ist die ausbezahlte Summe vergleichsweise etwas höher als beim Bonussystem. Die Überschußansammlung ist vorteilhafter.

Des weiteren ist wichtig, daß Sie bei einem Unternehmen abschließen mit **geringen Vertriebskosten.** Falls Sie, aus welchen Gründen auch immer, Ihre Versicherungsbeiträge nicht mehr zahlen wollen oder können, und vorher aussteigen: bei Versicherungen mit aufwendigem Kundendienst können Sie unter Umständen die ersten 3 Jahresbeiträge voll in den Kamin schreiben. Was sich natürlich bei einer eventuellen Vertragsänderung besonders unangenehm bemerkbar macht. Einen "Service" erhält der Kunde in dieser Sparte **nur vor dem Vertragsabschluß.** Für den Vermittler ist der Fall erledigt, sobald unterschrieben ist, und die ersten Beiträge eingehen. Daran ändert auch die Provisionsverteilung auf 3 Jahre nichts. Spätestens nach 6 Jahren sind alle Kosten getilgt.

Beim Lebensversicherungs-Verkauf werden oft Berufsfremde angeheuert, kurz geschult und auf die Bevölkerung losgelassen. Das Provisionssystem fördert den Abschlußschwindel, von dem auch die Gesellschaften nicht verschont bleiben. Dieses Übel könnte nur beseitigt werden, indem die Provisionen, wie die Verwaltungskosten, fast auf die gesamte Laufzeit verteilt würden. Dadurch hätte die Versichertengemeinschaft höhere Rückkaufwerte bei Vertragskündigung. Auch auf den gesamten Wettbewerb wären die Auswirkungen positiv, wenn der Verbraucher einen schnellen Wechsel mit weniger Einbußen zu anderen Vermögensanlagen vollziehen könnte.

Von dieser nachteiligen Provisionsregelung ist ein Einzelner selbst langfristig davon betroffen, auch wenn man von einem Vermittler die Hälfte der Abschlußvergütung abknöpft. Der "Sparvertrag" wird nämlich gleich zu Beginn durch die Abschlußkosten erheblich geschmälert. Bei Direktversicherern ohne Außendienst sind diese Kosten wesentlich geringer. Die Ablaufleistungen beweisen dies.

Die einzelnen Lebensversicherer sind in Wirtschafts- und Testzeitschriften regelmäßig auf dem Prüfstand. Nach verschiedenen Kriterien werden Vergleiche angestellt und kommentiert. Diese Themen sind in CAPITAL, Wirtschaftswoche, Impulse, Test und DM, sowie in Tages- und Wochenzeitungen immer aktuell. Doch die Versicherer-Lobby ist auch rührig, und streut gezielt positive Meldungen an die Presse. Ebenso betreibt der Bundesverband Deutscher Versicherungskaufleute verkaufsfördernde Öffentlichkeitsarbeit. Schließlich geht es um Milliardenbeträge !

Fazit: Da die Lebensversicherungs-Gesellschaften phantastisch an den Prämienzahlern verdienen und Vermögen anhäufen, müßten mit den Kapitalerträgen (eigentlich) auch die Renditen steigen. Die Überschüsse wurden inzwischen so hoch, daß die Versicherungen auf Betreiben ihres Amtes Sonderausschüttungen vornehmen müssen. Diese "Rückstellungen für Beitragsrückerstattungen" von 10 Milliarden Mark erfolgen bis 1989 für Alt-Kunden. Für neue Verträge sollen höhere Versicherungsleistungen garantiert werden, doch über niedrigere Überschußleistungen kommt im Endeffekt bei der Auszahlung im Erlebensfall nicht mehr heraus. Vielleicht doch, wenn später überquellende Gewinntöpfe wieder von Amts wegen teilweise geräumt werden müssen.

Insgesamt wird die Absicherung für den Todesfall bei Männern geringfügig billiger. Frauen zahlen für die vereinbarte Versicherungssumme noch ein paar Prozentpunkte weniger. Somit ein vortreffliches Verkaufsargument der Vermittler, höhere Summen abzuschließen oder über neue Frauentarife zusätzliche Geschäfte zu tätigen. Mögliche Renditediskussionen treten dann vielfach in den Hintergrund, obwohl die Höhe der Verzinsung für diese "Sparversicherung" letztlich entscheidend sein sollte.

Versicherungsbestand und Kündigung:

Sie besitzen vielleicht seit Jahrzehnten eine Lebensversicherung und wundern sich, daß Sie seit einiger Zeit regelmäßig Zwischenbescheide bekommen. Was für jeden Wertpapierbesitzer selbstverständlich ist, einen Kontoauszug zu erhalten, war für viele Versicherungen lange Zeit fremd. Inzwischen erhält der Kunde jährlich die Überschußanteile und den erhöhten aktuellen Versicherungsschutz mitgeteilt.

Wenn Sie erst vor ein paar Jahren einen Vertrag abgeschlossen haben, bekommen Sie im ungünstigsten Fall erst nach 3 Jahren eine Gutschriftmitteilung, weil vorher Kosten abgedeckt und keine Gewinne verbucht wurden. Eine wichtige Information - der derzeitige **Policen-Rückkaufwert** - fehlt und muß gegebenenfalls angefordert werden. Dieser angesparte Wert ist maßgebend für eine Beleihung und für die Vermögenssteuer. Sicher könnten sich viele Gesellschaften, die mit Vertretern arbeiten, kaum vor Protesten erboster "Sparer" retten, wenn sie die mageren Zwischenbilanzen unaufgefordert zusenden würden. Nur bei 30-Jahresverträgen liegt der Rückkaufwert zur Halbzeit, also nach 15 Jahren, knapp über den effektiv eingezahlten Beiträgen. Bei kürzeren Laufzeiten muß meistens zur Vertragsmitte hin noch Geld zum Rückkaufwert draufgelegt werden, denn Vertragsuntreue wird hart bestraft.

Des weiteren sind die Unternehmen verpflichtet, auf Anfrage jährlich Geschäftsberichte an ihre Versicherten zu verschicken. In den Tätigkeitsberichten werden jedoch - nach Meinung von Fachleuten - oft wesentliche Ereignisse verschleiert, und von der Verständlichkeit her sind sie für den Normalbürger böhmische Dörfer.

Mit einer Lebensversicherung sind Sie sehr flexibel. Jederzeit können Sie kündigen, aufheben, herabsetzen, verkürzen oder beitragsfrei laufen lassen. Allerdings sollten vor einer Aktion alle Alternativen genau überlegt werden, um den **Schaden zu begrenzen.** Beispielsweise kostet eine Kündigung anfangs bis zu 10% Strafe des tatsächlichen Guthabens, dazu kommt noch die Streichung eines Teils der Überschüsse und der Schlußgewinnanteil entfällt. Die Verluste sind recht unterschiedlich.

Ein (begrenzter) Ausstieg aus einem Vertrag mit noch langen Laufzeiten lohnt sich vor allem, wenn man über einen Vertreter einen Fehlgriff machte. Dies ist sicher sinnvoller, als eine schwache Lebensversicherung bis zum "bitteren" Ende voll durchzuhalten. Eine Anfrage nach der Höhe des Rückkaufwertes, einschließlich der Gewinnbeteiligung, gibt Aufschluß. Außerdem wäre die Ablaufleistung interessant, um für neue Angebote einen Vergleich zu haben.

Von den größten Gesellschaften, die fast **50%** aller Lebensversicherungs-Beiträge vereinnahmen, ist **kaum eine in den Hitlisten als günstige Versicherer** von Test- und Kapitalzeitschriften zu finden. Die **Marktführer** sind dafür mit Sicherheit vermögend. Nach dem absoluten Spitzenreiter **Allianz mit 37,1 Milliarden** Kapitalvermögen (1983) folgen:

Volksfürsorge	16,0	Colonia	6,3
Hamburg-Mannheimer	14,0	Gerling-Konzern	6,2
Victoria	10,5	Aachener-Münchner	5,8
Iduna	8,7	Alte Leipziger	5,8
R+V	7,7	Deutscher Herold	5,3

Gründe, für die Lebensversicherung weniger Beiträge zu zahlen, gibt es viele. Private, steuerliche (keine Luft für Sonderausgaben) oder einfach, weil für die Risikoabsicherung die falsche Kapital-Lebensversicherung ans Herz gelegt wurde. Die Versicherungsgesellschaften sind sehr interessiert, den Kunden mit vollen Beiträgen bei der Stange zu halten. Sie sind jedoch, bevor jemand ganz ausfällt, zu Kompromissen bereit. Es bieten sich verschiedene Möglichkeiten an, die Beiträge für eine Durststrecke oder auf Dauer zu senken:

- **Ausschluß von Zusatzversicherungen:** Oft beinhalten Policen Zusätze für Unfälle, Beitragsbefreiung bei Invalidität und Berufsunfähigkeitsrenten. Diese können meist woanders günstiger abgeschlossen werden. Sowie die sofortige ersatzlose Streichung der preistreibenden Dynamik.

- **Pausieren:** Nach 1 - 2 Jahren Laufzeit können die Beiträge für ein Jahr ruhen. Der Vertragsbeginn wird dann zurückverlegt, und deshalb müssen keine Prämien nachentrichtet werden; dafür wird aber der zukünftige Beitrag etwas höher.

- **Stundung:** Arbeitslosen werden fällige Beiträge für ein Jahr gestundet. Die anfallenden Zinsen und die Prämien sind später nachzuzahlen.

- **Verrechnung der Gewinnanteile:** Laufende Beiträge lassen sich ganz einfach mittels einer Gutschrift aus den Gewinnanteilen verringern, ohne daß die vereinbarte Versicherungssumme angegriffen wird. Voraussetzung ist jedoch, daß sich ein Überschußguthaben angesammelt hat.

- **Risiko-Zwischenversicherung:** Es muß nur der Risikoanteil weiterbezahlt werden und auf den Restbetrag (Sparvorgang) sind Zinsen zu zahlen. Es werden also nur noch 25 - 30% der seitherigen Prämie angerechnet. In der Regel beträgt eine Zwischenversicherung maximal 2 Jahre. Dabei könnte auch versucht werden, ohne größere Verluste ganz auf eine Risiko-Lebensversicherung umzustellen. Ansonsten sind die Restbeiträge nachzuentrichten, oder der Versicherungsbeginn wird verlegt.

- **Unterbrechung:** Die Versicherungssumme wird entsprechend herabgesetzt, um Beitragszahlungen für höchstens ein Jahr zu unterbrechen. Bei älteren Verträgen halten sich die Verluste meist in Grenzen. Eine Rücksprache mit der Versicherung sollte wegen Kürzung der Summe erfolgen.

- **Vertragsverlängerung:** Zu diesem recht fraglichen Weg zur Beitragsenkung raten die Versicherungen mit der Begründung, daß der Schutz bestehen bleibt. Mögliche Probleme werden nur hinausgeschoben und verlängert.

- **Herabsetzung:** Wenn die vereinbarte Versicherungssumme verringert werden soll, gibt es wegen der Vertragsänderung ziemliche Einbußen beim Angesparten und bei den Gewinnanteilen.

- **Beitragsfreie Weiterführung:** Durch die unbefristete Vertragsfortführung, ohne Zahlungen, verringern sich die Versicherungssummen ganz erheblich. Der bestehende Rückkaufwert wird als Einmalbetrag für die Freistellung der Prämien verwendet.

- **Vertrags-Laufzeitverkürzung:** Falls die Versicherung noch eine lange Laufzeit vor sich hat, und erst einige Jahre besteht, bietet sich die Verminderung auf mindestens 12 Jahre (wegen steuerfreier Auszahlung) an. Zunächst müßte die Gesellschaft die neuen Zahlen für die gewünschte Laufzeit, unter Beibehaltung der bisherigen Monatsbeiträge, auf den Tisch legen. Also die neue Ablaufleistung, mit der Höhe der Versicherungssumme, zuzüglich der Überschußanteile, die dann zur Auszahlung kommen würden. Die Rendite dieses Auszahlungsbetrages ist mit der Zinses-Zins-Tabelle überprüfbar. Je nachdem wie hoch die Rendite ausfällt, sollte entschieden werden: Ob es sich lohnt, die Prämie weiterzuzahlen, oder alternativ den Vertrag einfach beitragsfrei zu stellen. Dies sollte jedoch erst nach vorheriger Laufzeitverkürzung erfolgen.

Mit der Vertragszeitverkürzung kann man mit einem blauen Auge noch davon kommen, da der Schlußgewinnanteil nicht geschmälert wird. Die Rendite ist durch die Abschlußkosten in den ersten Jahren gleich Null. Ein Ausgleich erfolgt später über die laufenden Überschüsse, so daß der Ertrag jedes Jahr sich etwas erholt. Der rentable Teilausstieg wird von einigen Versicherern rechtswidrig blockiert, indem sie die gewünschten Daten nicht herausrücken. Bei einem solchen Fall hilft der Wink mit dem Bundesaufsichtsamt für das Versicherungswesen.

Wenn Ihre Lebensversicherung schon länger läuft und Sie vorher Geld sehen wollen, gibt es über den Rückkaufwert ein **Police-Darlehen.** Für welchen Zweck Sie das Geld brauchen, ist der Versicherung egal. Die Höhe des Höchstbetrages wird Ihnen auf Anfrage mitgeteilt, einschließlich des Zinssatzes, fest oder variabel, sowie eventueller Nebenkosten. Die Zinsen sind niedriger als bei der Bank, da kein Risiko besteht, und der Kunde praktisch sein eigenes Guthaben ausleiht. Meistens wird keine Tilgung des Darlehens verlangt, sondern später bei Vertragsende verrechnet.

Bei dem **Teilrückkauf,** also vorzeitige Auszahlung eines Teils des vorhandenen Guthabens, handelt man sich häufig eine Stornogebühr ein. Ebenso entfällt der Schlußgewinnanteil. Unter Umständen kann ein Police-Darlehen vorteilhafter sein. Dagegen wird die vorzeitige Auszahlung zum 60. Lebensjahr großzügiger gehandhabt. Die Leistung ermäßigt sich zwar entsprechend, aber auf Abzüge wird in aller Regel verzichtet.

Hat ein Versicherter seine Prämien jahrzehntelang bis zum Vertragsablauf regelmäßig bezahlt, ist eine Kontrolle der relativ renditemageren Schlußabrechnung nicht verkehrt. Die Versicherer können sich zum Nachteil des Sparers "verrechnen". Schon bei geringem Zweifel sollte Mißtrauen aufkommen, damit dies eindeutig geklärt wird. Reagiert Ihre Gesellschaft auf derartige Nachfragen oder Reklamationen ausweichend, so sollten Sie sich an das Bundesaufsichtsamt in Berlin wenden, um die vermutete fehlerhafte Schlußzahlung nachprüfen zu lassen.

Rechtzeitig bevor die Versicherungssumme zur Auszahlung ansteht, sind die Versicherer bemüht, daß das Geld im eigenen Hause verbleibt. Viele präsentieren ihre **Rentenmodelle** mit lebenslangen Renten. Wird der Kunde hochbetagt, geht die Rechnung auf. Aber selbst beim statistischen durchschnittlichen Lebensalter macht der Versicherer kräftige Erbgewinne. Stirbt der Versicherte kurz vor der garantierten Auszahlungszeit von 5 bzw. 10 Jahren, gucken die Erben in die Röhre, und der "Rest" wird eine sichere Beute der ach so besorgten Gesellschaft. Da solche Kontraktabschlüsse immer weniger zünden, bieten die Versicherer nun hausgemachte oder von den Banken übernommene **Fonds** an. Egal wie die Qualität der einzelnen Geldanlagen ist, ein Abschluß in den eigenen vier Wänden ist auf jeden Fall teurer als am Banktresen. Dabei kann ein Vertreter meist nur einseitige Angebote unterbreiten. Die **Banken sind** hier kompetenter, haben die größere Auswahl und sind mit ihren Produkten bei der Abschlußgebühr fast um 3% **günstiger.** Das macht bei einer Anlegesumme von 100.000 Mark immerhin ein paar Tausender aus, mit dem ein Rentenfonds gleich zu Anfang am Erfolg geschmälert wird.

Vermögensbildende Lebensversicherung:

Der Staat gewährt auf Lebensversicherungen nach dem Vermögensbildungsgesetz, auch **624-Mark-Gesetz** genannt, eine Sparzulage in Höhe von **16%.** Die Zulage kommt nur Arbeitnehmern mit einem zu versteuernden Jahreseinkommen von 24.000 Mark bei Alleinstehenden, und 48.000 Mark für Verheiratete zugute. Pro Kind kann die Einkommensgrenze jeweils um 1.800 Mark jährlich höher sein. Ab 3 Kindern ist die Sparzulage **26%.**

Zur ausreichenden Risiko- und Altersvorsorge ist die vermögensbildende Lebensversicherung nicht geeignet, allenfalls als kleine Ergänzung. Der Versicherungsschutz beträgt ca. 8.000 Mark bei 12 Jahren Laufzeit. Selbst wenn der Vertrag über 30 Jahre abgeschlossen wird, bewegt sich die Versicherungssumme um 23.000 Mark. Unter Berücksichtigung der Inflation sind diese Summen viel zu niedrig für eine Absicherung.

Damit die Lebensversicherung steuerfrei ausbezahlt wird, muß die Laufzeit mindestens 12 Jahre sein. Die Vermögensbildung über die Lebensversicherung ist von der Rendite her nicht interessant. Diese verbessert sich etwas, falls die Sparzulage auch wirklich über die ganze Laufzeit ausbezahlt wird. Erhöht sich während der langen Zeit das Einkommen über die Höchstgrenzen, dann entfällt der Vorteil der Zulage. Das vom Arbeitgeber eingezahlte Geld von 52 Mark monatlich ist also ziemlich lange gebunden. Zukünftig könnte sich die Laufzeit ändern, d.h. die vermögensbildende Lebensversicherung wird möglicherweise zur Altersvorsorge umfunktioniert. Dann müßte man bis zum Ruhestand als Rentner auf sein Geld warten.

Bei einer Kündigung der Lebensversicherung innerhalb der 12 Jahre sind alle erhaltenen Sparzulagen wieder zurückzuzahlen; außerdem kommen noch die schon beschriebenen Nachteile hinzu. Ein **Ausstieg** aus dem unattraktiven Sparvertrag mit geringer Risikodeckung - insbesondere **als Alleinstehender** - muß in zwei Schritten nacheinander erfolgen. Zuerst ist mittels Antrag die Mindestlaufzeit auf 12 Jahre herabzusetzen. Nach erfolgter Abkürzung kann dann für die Restlaufzeit des Vertrages bei der Versicherung die Beitragsfreistellung beantragt werden. Die finanziellen Einbußen lassen sich verschmerzen, wenn die Sparzulage vom Einkommen her noch für längere Zeit gesichert ist.

Neben dem geförderten Lebensversicherung-Sparvertrag gibt es andere Möglichkeiten und vor allem **bessere Alternativen.** Die Vermögensbildung mit Staatszuschüssen sollten Sie von Ihrem Bedarf her und der Zielvorstellung ausrichten. Das Ansammeln von Geldbeträgen kostet die meisten Arbeitnehmer nichts, da fast alle Tarife die Vermögensbildung des Arbeitgebers beinhalten, und die Sparzulage monatlich zusätzlich ausgezahlt wird.

Ein normaler vermögenswirksamer Sparvertrag orientiert sich an den marktüblichen Zinsen. Trotz der Schlußprämie von meist 14%, die bei Vertragsende nach 7 Jahren zusätzlich fällig wird, ist diese Sparart von der Rendite her nicht lukrativ. Zumal der Staat nur für die 624 Mark eine Sparzulage von 16% bzw. 26% zuschießt.

Für das gezielte Sparen auf die eigenen vier Wände bietet sich der Bausparvertrag an. Dieser erhält die Begünstigung des 624 Mark-Gesetzes und die erhöhte Sparzulage von **23% bzw. 33%** (ab 3 Kinder). Da man beim Bausparen nur 3% Zinsen bekommt, lohnt sich ein Abschluß nicht, wenn das Geld für andere Zwecke gebraucht wird. Die Auszahlung erfolgt bereits nach **7 Jahren.**

Das 624-Mark-Gesetz wurde 1984 um 312 Mark auf **936 Mark** erweitert. Großzügige Arbeitgeber haben bereits umgestellt und zahlen statt 52 Mark monatlich 78 Mark für die Vermögensbildung ihrer Mitarbeiter. Der erhöhte Betrag des **936-Mark-Gesetzes** kann nur für betriebliche Kapitalbeteiligungen, wie Wertpapiere oder Aktien, voll genutzt werden **(Sparzulage 23% bzw. 33%).** Besonders unter Renditegesichtspunkten können sich die Kapitalbeteiligungen lohnen. Neben der oft garantierten Mindestverzinsung kann es noch eine erhebliche Wertsteigerung geben. Banken und Sparkassen bieten solche Gewinnobligationen und Genußscheine an. Die Bindefrist für das angesparte Geld beträgt auch nur 7 Jahre.

Das 624-Mark-Gesetz ist für viele "Vermögensberater" das Stichwort für den Erstkontakt. Bevorzugte Zielgruppen von Vertriebskolonnen sind Berufsanfänger für die vermögensbildende Lebensversicherung. Um gegenüber der Konkurrenz von Bausparkassen und Geldinstituten mit höheren Summen hausieren zu können, werden Vertragslaufzeiten von über 30 Jahren verkauft. Daß Ledige eine derartige Versicherung nicht brauchen, ist den Vertretern egal, Hauptsache die Provision wird durch den langfristigen Abschluß höher. Dabei können dem in Gelddingen noch überwiegend unerfahrenen Nachwuchs während einer solchen unredlichen "Vermögensberatung" noch andere verlockende Kombinationen angedreht werden. Dadurch wird ein solcher Besuch erst richtig lukrativ, denn bei vermögensbildenden Leistungsverträgen wird die volle Provision nach 6 Jahren Laufzeit fällig. Auch am Arbeitsplatz sitzen genügend "Versicherungsonkel", die eigennützig zur vermögensbildenden Lebensversicherung raten. Bei Uninformierten wird schon mal das 936-Mark-Gesetz mit Zuzahlungen untergejubelt, in der Hoffnung, daß den Geprellten die Feinheiten nicht interessieren.

Ausbildungs- und Aussteuer-Versicherungen:

Beide Versicherungsarten werden mit dem Argument offeriert, daß den Kindern der spätere Start ins Leben abgesichert sein soll. Bereits mit dem Eintrittsalter 0 können alle beide Versicherungen beginnen. Das maximale Vertragsende ist normalerweise unterschiedlich:

– für die Ausbildung bis zum 20. Lebensjahr
– für die Aussteuer bis zum 25. Lebensjahr.

Durch diese Versicherungen wird das Lebensrisiko des Versorgers mit einer bestimmten Summe garantiert. Der Deckungsbetrag richtet sich nach dem Eintrittsalter des Zahlers und des Kindes, jedoch verschieden hoch bei Mädchen oder Knabe. Stirbt der Versorger während der Vertragslaufzeit, braucht die Prämie zwar nicht mehr gezahlt zu werden, aber die Auszahlung des Versicherungsbetrages erfolgt erst **nach Vertragsablauf.** Nur wenn das Kind vorzeitig stirbt, wird die Summe mit den Gewinnanteilen sofort ausbezahlt.

Für eine solche Vorsorge wird an verantwortungsbewußte Eltern appelliert, zugunsten der Zukunft ihrer Sprößlinge mindestens die Kindergeldzahlungen gleich zur Versicherung umzuleiten. Daß dabei die Empfehlungen auf Dynamik und Unfall-Zusatzversicherungen nicht fehlen, ist selbstverständlich.

Wie derartige "Sparverträge" bezüglich Rendite, Langfristigkeit, Kündigung usw. zu bewerten sind, wurde bei der Kapital-Lebensversicherung behandelt.

Direktversicherung durch Gehaltsumwandlung:

Im Rahmen der betrieblichen Altersversorgung kann der Arbeitgeber für den Arbeitnehmer eine Kapital-Lebensversicherung abschließen. Während der Arbeitnehmer aus der Lebensversicherung Anspruch auf die Leistungen hat, ist der Betrieb rechtlich Vertragspartner und Beitragseinzahler. Die Prämien zur Direktversicherung, meistens in der Höhe von maximal 2.400 Mark pro Jahr, **können bezahlen:**

- der **Arbeitgeber,** beispielsweise als möglichen Ausgleich für eine Gehaltserhöhung
- der **Arbeitnehmer,** um sein Brutto-Einkommen zu senken und dadurch Lohnsteuer zu sparen, sowie eventuell auch Sozialversicherungsbeiträge
- **gemeinsam** entrichten Arbeitgeber und Arbeitnehmer die Beiträge in einem bestimmten Verhältnis nach Vereinbarung.

Der Höchstbetrag von 2.400 Mark gilt als Durchschnittswert. Bis zu 3.600 Mark darf der Beitrag für den einzelnen Arbeitnehmer steigen, wenn andere im Betrieb dafür entsprechend weniger in die Direktversicherung einzahlen.

Für Spitzenverdiener mit einem hohen Steuersatz ist die Direktversicherung, sogar für Selbstzahler, **empfehlenswert.** Auf den Beitrag braucht nur eine Pauschalsteuer von 10% (in Berlin 6,5%) plus anteiliger Kirchensteuer abgeführt werden. Vielfach übernimmt der Arbeitgeber diese Steuer in Höhe von 256,80 Mark, da sie zum Betriebsaufwand zählt, und die tatsächliche Nettobelastung deshalb niedrig ist.

Unter dem Strich bezahlt der verheiratete Versicherte mit 10.000 Mark Einkommensteuer pro Jahr von den 2.400 Mark effektiv nur ca. 1.900 Mark. Die Vergünstigung macht also durch die Steuerersparnis in der Progressionszone etwa 25% des Jahresbeitrages aus. Bei höheren Spitzensteuersätzen noch mehr.

Die Sozialversicherungsbeiträge erhöhen sich, wenn die Direktversicherung, quasi als Gehaltszuschlag, monatlich mit 200 Mark einbezahlt wird. Außer wenn die Beitragshöchstgrenze der Krankenversicherung (1987: 4.275 Mark) vom Gehalt oder Lohn erreicht ist. Entsprechendes gilt für die Renten- und Arbeitslosenversicherung: wer also über dem Höchstsatz (1987: 5.700 Mark) verdient. Wird die Prämie der Direktversicherung aus **Sonderzahlungen** finanziert, entfällt die Anrechnung bei den Sozialversicherungen. Die 2.400 Mark müssen vom 13. Monatsgehalt, Weihnachts- oder Urlaubsgeld, abgezogen werden. Somit hilft die Direktversicherung nicht nur bei der Lohnsteuer, sondern spart auch bei den Sozialbeiträgen.

Wo Licht ist, ist auch Schatten. Die Direktversicherung ist an zwei Auflagen gebunden:

- Der früheste Auszahlungstermin ist das 60. Lebensjahr, mit Ausnahme der vorgezogenen Rente im Rahmen der flexiblen Altersgrenze. Die Mindestlaufzeit beträgt 12 Jahre.
- Im Gegensatz zur normalen Kapital-Lebensversicherung darf die Direktversicherung weder abgetreten noch beliehen werden; auch eine vorzeitige Kündigung ist ausgeschlossen.

Bei vorzeitigem Ausscheiden aus dem Unternehmen wird der Versicherungsvertrag von der Firma auf den Versicherten übertragen. Die Versicherung kann selbst weitergeführt werden, oder der neue Arbeitgeber übernimmt den Vertrag. Da die Direktversicherung nur für Arbeitnehmer zulässig ist, kann ein Existenzgründer, der seine frühere Stelle aufgegeben hat, aus der Versicherung die Vorteile nicht mehr ziehen. Aus der lukrativen Geldanlage wird wieder eine Art langfristiger Sparvertrag mit relativ schlechter Rendite. Dann gilt es zu überlegen, ob die Versicherung nicht bis zum Ablauf der Vertragszeit mit verringerter Deckungssumme beitragsfrei weitergeführt wird.

Häufig gibt der Betrieb vor, über welche Gesellschaft die Direktversicherung abgeschlossen wird. Auch wenn ein angeblich günstiger Gruppenvertrag vom Arbeitgeber vereinbart wurde, könnten Gegenangebote zum Vergleich Überraschungen bringen. Besonders als Selbstzahler sollte eine Vorgabe nicht bindend sein. Man kann sich auch selbst ein zukunftsträchtiges Unternehmen aussuchen. Manchmal kommt die Empfehlung, nur bei der Versicherung abzuschließen, von einer gesponsorten Buchhaltung.

Mit einem Jahresbeitrag von 2.400 Mark ergeben sich für einen 30jährigen eine Versicherungssumme von ca. 86.000 Mark, die durch Überschußanteile sich langsam nach 30 Jahren auf etwa 220.000 Mark erhöhen kann. Ist das Eintrittsalter 40 Jahre, beträgt die Versicherungssumme ungefähr 52.000 Mark, und die steuerfreie Auszahlung nach 20 Jahren ergibt möglicherweise bei einer leistungsfähigen Gesellschaft knapp 100.000 Mark. Für Frauen können die genannten Versicherungssummen wesentlich höher sein. Diese Risikosummen sind für den Ernstfall - vorzeitiger Tod des Ernährers - zur Absicherung der Hinterbliebenen in der Regel viel zu niedrig, und eine zusätzliche Risiko-Lebensversicherung sinnvoll.

Für jüngere, gut verdienende Arbeitnehmer wäre es angebracht, die Direktversicherung mit dem **Zusatz Berufsunfähigkeit** zu kombinieren. Die Absicherung der Arbeitskraft ist viel wichtiger, als langfristig in einen schlecht verzinsten Sparvertrag mit geringem Risikoanteil einzuzahlen. Über die Risiko-Lebensversicherung ist die Familie gezielter, bedarfsgerechter und preisgünstiger abgedeckt. Besonders ein Alleinstehender, der nur für sich selbst verpflichtet ist, sollte den Lebensversicherungs-Risikoanteil der Direktversicherung zugunsten der Berufsunfähigkeit so weit wie möglich (maximal 25%) reduzieren. Zumal meist die Sonderausgaben ausgeschöpft sind, ist es besser, so günstig sich seine - hoffentlich nie erforderliche - Erwerbsunfähigkeitsrente zu finanzieren (siehe Risiko-Lebensversicherung und BUV).

Wenn Sie als Arbeitnehmer in die volle Steuerprogressionszone rutschen (Ledige ab 25.000 Mark und Verheiratete ab 50.000 Mark versteuerbares Einkommen), wäre ein Gespräch mit dem Arbeitgeber angebracht. Ein Rechtsanspruch auf Gehaltsumwandlung gibt es zwar nicht, aber jeder Chef kann seine mitarbeitende Ehefrau "direkt" versichern. So kommen Sie zu einem insgesamt interessanten "Sparvertrag" und zu einer wichtigen Absicherung durch die BUV. Häufig wird dabei das Weihnachtsgeld bewußt als Versicherungs-Zahltermin gewählt, damit die Lohnsteuer und die Sozialbeiträge erträglicher werden.

Die Vorgehensweise zum Einholen von Angeboten und die Auswahlkriterien sind gleich wie bei der Kapital-Lebensversicherung. Wenn Sie hier auf das falsche Pferd wetten, können Sie Tausende von Mark in den Sand setzen.

Private Rentenversicherung:

Die Alternative zur Kapital-Lebensversicherung ist die Rentenversicherung, insbesondere für Alleinstehende, Ältere und Kranke. Der Name Rentenversicherung ist irreführend, denn es wird **kein Risiko versichert.** Deshalb muß auch der Gesundheitszustand vor Eintritt nicht angegeben werden. Da das vorzeitige Todesfallrisiko entfällt, müssen die Beiträge im Verhältnis gegenüber der Kapital-Lebensversicherung zwangsläufig **günstiger** sein. Das gilt insbesondere bei höherem Eintrittsalter, weil der wachsende Risikoanteil in den Tarifen unter den Tisch fällt.

Die Höhe der Beiträge richtet sich nach dem Eintrittsalter, Geschlecht und der Laufzeit. Bei Ablauf kann der Versicherte wählen, ob er die vereinbarte Rente bis zu seinem Tode erhält, oder sich die Kapitalabfindung auszahlen läßt. Bei vorzeitigem Tod werden den Hinterbliebenen nur die bisher eingezahlten Beiträge, einschließlich der Gewinnanteile, ausbezahlt. Daneben gibt es Tarife, wo der Versicherer die bisher bezahlten Beiträge erbt, falls der "versicherte" Einzahler vor dem Ende der Vertragslaufzeit (während der Einzahlungsphase) stirbt. Mit einem "nackten" Vertrag gibt es auch keine garantierte Mindestdauer (z.B. 5 Jahre) der Rentenzahlung. Entsprechend niedriger sind die Prämien hierfür.

Damit die Auszahlung steuerfrei erfolgt, muß auch die Rentenversicherung mindestens 12 Jahre laufen. Trotz der etwas besseren Rendite ist der "steuerbegünstigte Sparvertrag" nur lohnend, wenn im Rahmen der Sonderausgaben der Beitrag während der gesamten Laufzeit von der Steuer voll abgesetzt werden kann. Ein Wechsel von einer bestehenden Kapital-Lebensversicherung zur privaten Rentenversicherung ist grundsätzlich möglich, sicherlich aber vom Versicherer unerwünscht. Obwohl entsprechend dem Etikett "Altersrentenversicherung" auf eine Rentenzahlung gezielt wird, dürfte die Kapitalauszahlung die bessere Alternative sein. Eine Rentenzahlung ist ein Lotteriespiel und nur lohnend, wenn man steinalt wird. Wegen der höheren Lebenserwartung zahlen deshalb Frauen mehr an Geld ein. Stirbt der "Versicherte" früh, macht die Gesellschaft Kasse. Sicher ist es gescheiter, selbst das Beste aus dem ausgezahlten Kapital zu machen und sich nach günstigen Anlagemöglichkeiten umzuschauen.

Besondere Hinweise und Tips:

Die Altersvorsorge eingleisig mit einer Lebensversicherung aufzubauen, ist nicht ganz ungefährlich. Schon zweimal in diesem Jahrhundert gab es Währungsreformen. Wie das Bargeld, wurde 1948 die Lebensversicherungspolicen von 100% auf 10% abgewertet. Sachwerte und Beteiligungen schnitten wesentlich besser ab.

Auszahlungen von Lebensversicherungen sind wie Lottogewinne steuerfrei. Aber wenn noch andere Vermögenswerte vorhanden sind, darf man im Folgejahr unter Umständen Vermögenssteuer zahlen. Zudem kann das, von der Versicherung informierte Finanzamt dann nach den Zinserträgen der Versicherungssumme fragen. Auch bei einer Verrentung muß der Ertragsanteil versteuert werden, falls noch andere Einkünfte anfallen.

Da die ausgezahlte Versicherungssumme dem vorhandenen Vermögen dazugerechnet wird, kann sich bei dem Tod des Versicherten die Erbschaftssteuer entsprechend erhöhen. Dieser Nachteil entfällt, wenn der Einzahler zu Lebzeiten und vor Vertragsablauf den Auszahlungsbetrag formell dem Ehegatten oder den Kindern überträgt. Auch nach dem Wechsel der Versicherungsnehmer-Eigenschaft besteht die Lebensrisikoabdeckung des Versicherten unverändert weiter. Die Änderung ist bei der Gesellschaft zu beantragen.

Die Bezugsberechtigung der fälligen Versicherungssumme im Todesfall kann jederzeit geändert werden. Eine Übertragung sollte die Versicherung schriftlich bestätigen, da das Bezugsrecht nicht im Versicherungsschein vermerkt ist. Vergißt beispielsweise ein Geschiedener, der wieder heiratet, eine Änderung der Versicherung mitzuteilen, wäre nach wie vor der geschiedene Gatte bezugsberechtigt. Der Vergeßlichkeit kann bei Vertragsabschluß mit der Formulierung "der in gültiger Ehe lebende Ehegatte" vorgebeugt werden.

Die **Lebensversicherungs-Hypothek** ist trotz des etwas niedrigen Zinses (ca. 0,5%) gegenüber Banken und Sparkassen teurer, und für selbstbewohnte Eigenheime völlig **undiskutabel.** Es werden während der gesamten Laufzeit die vollen Zinsen gezahlt, ohne daß dabei getilgt wird. Bei Fälligkeit der Lebensversicherung, die gleichzeitig mit der Hypothek abgeschlossen wurde, ist der Kredit mit einem Schlag abgegolten. Da die Rendite aus der Versicherung immer niedriger ist als der gezahlte Effektivzins, kann die Rechnung nicht aufgehen. Anders sieht es für vermietete Immobilien aus. Mit der Beteiligung des Finanzamtes ist die hohe Zinslast eine feste Größe, und wird durch die Steuerersparnis mitfinanziert. Wichtiger als niedrigste Kreditkosten ist die Wahl der Gesellschaft mit einer hohen Überschußbeteiligung, weil dieses Geld am Schluß direkt in die Tasche des Versicherten fließt.

Bei größeren Abschlußsummen (ab ca. 40.000 Mark) erhält der Kunde - auf Nachfrage - einen **Rabatt** von ca. 2 Mark pro 1.000 Mark Versicherungssumme. Dieses Entgegenkommen erklärt sich aus der rationellen Abwicklung, die zu Ersparnissen in der Verwaltung führt; im Hinblick auf viele kleinere Abschlußbeträge. Im Gegensatz zu dem gesetzlich nicht zulässigen "Vertreterrabatt" erhöht der Nachlaß die Versicherungssumme, weil dieser über die gesamte Vertragslaufzeit hinweg gilt. Über einen Summenrabatt kann auch verhandelt werden, wenn schon andere Verträge bestehen.

Verschiedentlich raten "Experten" den Abschluß einer **Lebensversicherung in der Schweiz:** Der goldgedeckte Franken, keine Währungsreformen, verschwiegen, neutral, solide, risikolos und dergleichen mehr, so wird argumentiert. Wer sich hierfür erwärmt, muß für die starke Franken-Police tief in die Tasche greifen, darf aber nicht viel erwarten: Oft nicht einmal die Hälfte der Renditen leistungsfähiger deutscher Gesellschaften erzielen die Schweizer. Und das hiesige Finanzamt will von den **mageren Überschüssen** auch noch seinen Teil.

Die speziell für Senioren angebotene Lebensversicherung ohne Gesundheitsprüfung ist ein schlechtes Geschäft. Das Sterbefallrisiko des höheren Alters muß überbezahlt werden. Beispielsweise zahlt ein 60-jähriger in 12 Jahren Beiträge in der Höhe von 24.500 Mark für eine Versicherungssumme von 20.000 Mark.

Wie bei dem Neuabschluß von Kapital-Lebensversicherungen, werden bei nachträglicher **dynamischer Summenanpassung** in der Regel 2 - 3 Jahre lang die Erhöhungsbeiträge von Provisionen und der Verwaltung aufgezehrt. Der jährliche Zusatzbeitrag "Dynamik" wird grundsätzlich nach dem Lebensalter (also nicht Eintrittsalter) bemessen. Deshalb beeinflußt die "Dynamik", wegen der Prämienberechnung nach Alter, in den letzten Vertragsjahren die Auszahlungshöhe kaum. Mit der Dynamisierung wird grundsätzlich die **Gesamtrendite geschmälert.** Alle mitversicherten Extras sind automatisch der gewählten "Dynamik" angeschlossen.

Alle Prämienzahlungen zur Lebensversicherung, mit Ausnahme der Direktversicherung, sind als Sonderausgaben abzugsfähig.

Reise-Versicherungen:

Wer eine Reise plant, hat nicht nur die Qual der Wahl, unter den vielen Angeboten je nach Neigung, Geld und Zeit das Richtige auszusuchen. Auch die Versicherungen bieten zahlreiche Möglichkeiten, sich vor Reiseunbilden mit speziellen Urlaubsabsicherungen zu schützen. Bei dem Massengeschäft sind die Prospekte mit angehefteter Zahlkarte für viele sehr verlockend. Oft sind es nur ein paar Mark, die das Schlimmste verhüten können. Aber häufig wird auch Überflüssiges versichert, für das schon eine Grundabsicherung vorhanden ist, oder das Risiko ist begrenzt. Dennoch muß aber relativ teuer bezahlt werden. Und kommt es einmal wirklich zu einem Versicherungsfall, dann schützt das Kleingedruckte den Versicherer vor dem Bezahlen. Die Spielregeln, die man mit einem Vertrag eingeht, können ernüchternd sein. Deshalb gilt es, die Angebote kritisch zu beleuchten, insbesondere die Bedingungen vor dem Abschluß genau anzusehen.

Reiserücktritt-Versicherung:

Bei Pauschalreisen hat der Veranstalter das Recht, Rücktrittskosten zu verlangen. Diese sind terminlich gestaffelt und je nach Reiseart unterschiedlich hoch. Bis 30 Tage vor Reisebeginn ist eine Absage vergleichsweise kostenniedrig. Je später die gebuchte Reise storniert wird, desto höher werden die Beträge. In den Prospekten der Reiseunternehmer sind die Pauschalsätze aufgeführt. Beispielsweise sind 50% des Reisepreises 6 Tage vor Reiseantritt als Gebühr üblich. Jedoch sind unangemessene, hohe Pauschalen als Rücktrittsgeld (z.B. 80%) unzulässig. Im Ernstfall muß das Unternehmen belegen, daß der Schadenersatz seine Richtigkeit hat. Vertragsstrafen sind nach dem AGB-Gesetz verboten, da der Kunde gezwungen wird, den Vertrag zu erfüllen.

Der Preis zur Absicherung des Reiserücktritts richtet sich nach dem Wert der Reise, Art und Höhe der Stornogebühren. Die Bandbreite ist **1% - 3% des Reisepreises.** Die Versicherung wird nur wirksam, wenn der Abschluß innerhalb einer Woche nach der Buchung abgeschlossen wird. Wer also nicht aufpaßt, zahlt umsonst und ist im Fall des Falles ohne Kostenerstattung. Einige Reiseunternehmen haben, um Streit aus dem Weg zu gehen, bereits eine Rücktrittsabsicherung in ihren Preisen einkalkuliert. Gleichwohl gilt dies auch für Ferienwohnungen und bei vorzeitigem Reiseabbruch.

Gründe für eine Reiseabsage gelten nur, wenn sie absolut unabsehbar und unverschuldet sind. Dazu zählen Tod, schwere Erkrankung und Unfälle des Versicherten oder der allernächsten Angehörigen unter 75 Jahren; sowie Impfunverträglichkeit, Schwangerschaft (!) und große Elementarschäden wie Feuer. Bei älteren Leiden, die wieder auftreten, oder bei beruflichen

Gründen wird keine Erstattung fällig. Grundsätzlich zahlt der Versicherte bei einer Absage eine Selbstbeteiligung von 20% des Reisepreises, mindestens aber 50 - 100 Mark.

Da jeder einzelne sich versichern muß, kann schon eine hübsche Summe zusammenkommen. Deshalb sollten Sie sich fragen, ob das Extrageld für dieses überschaubare Risiko überhaupt aufgewendet werden soll, zumal die Versicherer recht hohe Hürden zur Zahlung aufgebaut haben. Ein Rücktritt ohne Kosten besteht nach dem Reiserecht, wenn der Veranstalter seiner Mitteilungspflicht genügt und Mängel am Urlaubsort (z.B. Streik) mitteilt, den Reiseverlauf ändert oder den Termin verschiebt. Vielfach kann eine Rücktrittsgebühr durch Umbuchung vermieden werden, oder man stellt eine Ersatzperson. Maßgebend sind jedoch die Reisebedingungen des Veranstalters.

Reisegepäck-Versicherung:

Der Schutz erstreckt sich auf Urlaubsgepäck während der Reise und auf alle Verkehrsmittel. Neben Diebstahl sind auch Schäden durch Feuer, Verkehrsunfälle und höhere Gewalt abgedeckt. Der Versicherte muß jedoch bei einem Vorkommnis nachweisen, daß der Schaden nicht fahrlässig entstanden ist. Das ist meist durch ein Polizeiprotokoll zu bestätigen.

Mit seinem "Kofferschutz" erlebte mancher Urlauber unangenehme Überraschungen, wenn die Versicherung den Schaden regulieren sollte. Zahlreiche Klauseln im Kleingedruckten und deren Auslegung schützen die Versicherer vor der Leistung. Strenge Maßstäbe werden beim Schadensersatz angelegt. Bei geringem Zweifel wird unterstellt, daß der Umfang und die Höhe des Schadens getürkt ist und der Versicherte erhält entsprechende Erstattungsabzüge. Mit diesen Abzügen muß jedenfalls immer gerechnet werden, da nicht der Wiederbeschaffungswert gilt, sondern nur der Zeitwert gestohlener Sachen.

Über die Versicherungsbedingungen sollten Sie sich vor Abschluß gründlich informieren. Es gibt eine **lange Liste von Fußangeln,** in die man sich verstricken kann und als Geschädigter dann leer ausgeht:

- Für gestohlenes Geld, Schecks oder Fahrkarten gibt es keinen Ersatz. Bei Schmuck, Pelzen, Foto- und Filmausrüstungen werden nur 50% der Versicherungssumme angesetzt. Bei neu gekauften Reiseandenken und Geschenken oder wenn etwas verloren geht, sind 10% der Versicherungssumme bzw. maximal 500 Mark erstattungsfähig. Ebenso wenn ein unbemerkter Verlust entsteht oder wenn etwas fallengelassen wird. Keine Entschädigung erhält, wer etwas verliert, d.h. Liegen-, Hängen- oder Stehenlassen. Dies wird als Leichtsinn ausgelegt.
- Der Verlust von Wertgegenständen, wie Pelze, Schmuck, ist nur versi-

chert während des Tragens und wenn diese sicher verschlossen sind (z.B. Safe). Ein Kostenersatz kann bei einer geraubten, teuren Brillantkette ganz abgelehnt werden mit der Begründung, daß ein solches Stück nicht in das Urlaubsgepäck gehört.

- Der Gepäckdiebstahl aus abgeschlossenen Fahrzeugen ist nur geschützt, wenn das Fahrzeug weniger als 2 Stunden ohne Aufsicht ist. Tagsüber kann das Auto nur auf öffentlichen Parkplätzen länger abgestellt sein. Nachts ab 22 Uhr muß der Wagen in einer abgeschlossenen Garage stehen, um Diebstahlersatz zu bekommen.
- Alle Sportgeräte (Ski, Fahrräder und Surfbretter) sind nur während des Transportes versichert, müssen aber stabil mit Schloß am Fahrzeug befestigt sein. Werden die Geräte benutzt, erlischt jeglicher Diebstahlschutz.
- Bei Wohnmobilen und Caravans, sowie bei Campingferien ist Extrageld für die "Campingklausel" zu zahlen. Schadensdeckung gibt es nur auf offiziellen Campingplätzen. Beim wilden Campen ist man buchstäblich schutzlos.

Eine Falle kann die Versicherungssumme sein. Pauschalen sind meist bei 3.000 Mark je Person und 7.500 Mark für Familien. Mit einer hochwertigen Reiseausrüstung können diese Summen leicht überschritten werden. Dann besteht eine Unterversicherung und jeder mögliche Schaden wird nur zum Teil erstattet.

Für Reiselustige, die mehrmals im Jahr verreisen, lohnt sich preislich eine Jahres-Police gegenüber Kurzzeitabschlüssen.

Auch ohne Reisegepäckversicherung kann man Ersatzansprüche gegenüber Dritten geltend machen:

Bei Flugreisenden ist die **Airline haftbar** bei Verlust, Fehlleitung und Beschädigung von Gepäckstücken. Ebenso bei Pauschalreisenden die **Reisegesellschaft,** die sich über eine Haftpflichtversicherung gegenüber den Gästen schützt, falls beispielsweise in den Reisebus eingebrochen wird und Gegenstände gestohlen werden. Auch das **Hotel** haftet in gewissem Umfang, wenn Sachen aus den verschlossenen Hotelzimmern oder gar aus dem Safe entwendet wurden. Wie die Schadenssache im Ernstfall abgewickelt wird, steht oft auf einem anderen Blatt. Schließlich gibt es einen begrenzten Schutz für Gestohlenes über die **vorhandene Hausratversicherung.** Der mitgeführte Hausrat ist mit 20% der Versicherungssumme bei Reisen innerhalb Europas abgedeckt. Also auch für Kleidung, Schmuck und Fotoausrüstungen. Unterschiedlich sind die Leistungen für Verträge der **VHB 74 (alt) und VHB 84 (neu)** mit Obergrenzen des Schadens 10.000 bzw. 15.000 Mark. Nach der VHB 74 wird Diebstahl aus Autos bis 500 Mark oder 20% der Versicherungssumme erstattet, wogegen es bei einem VHB 84-Vertrag nichts gibt.

Wie die Absicherung des Reiserücktritts ist auch die Gepäckversicherung wegen des abschätzbaren Risikos nicht als lebensnotwendig einzustufen, vor allem, wenn der Hausrat schon versichert ist. Da die Versicherer gegenüber Neukunden sehr mißtrauisch sind, wird das Reisegepäck in der Regel nur versichert, wenn andere Verträge schon bestehen. Ausnahme die klassischen Reiseversicherer mit folgenden Jahresbeiträgen pro 1.000 Mark Deckungssumme:

Elvia	**39 Mark**
Europäische	**40 Mark**

Ansonsten kostet der Gepäckschutz im Jahr zwischen **25 und 35 Mark** bei den Hausratversicherern.

Reisehaftpflicht-Versicherung:

Die Absicherung gegen eventuelle Ansprüche Fremder wird beschränkt auf die Reisezeit angeboten. Die normale Personenhaftpflicht gilt nicht nur im Urlaub, sondern das Risiko besteht das ganze Jahr über im privaten Bereich (siehe Private Haftpflichtversicherung). Deshalb wäre es sinnvoll, diesen wichtigen Schutz bei einem preisgünstigen Versicherer zu tätigen. Von den Kosten her ist der Unterschied nicht sehr wesentlich. Außerdem ist die Reisehaftpflicht meist nur ein Bestandteil von Versicherungspaketen.

Reiseunfall-Versicherung:

Da die gesetzliche Unfallversicherung in der Frei- und Ferienzeit nicht gilt, kann das Unfallrisiko während des Urlaubs gesondert abgeschlossen werden. Besteht schon eine Unfall- oder Berufsunfähigkeitsversicherung, kann man auf den Abschluß verzichten. Wie bei der Reisehaftpflicht empfiehlt es sich, anstelle der relativ teuren Kurzzeitdeckung wenigstens die Freizeit voll zu versichern (siehe Private Unfallversicherung). Ein Grund für die Unfallabsicherung könnte eine gefahrvolle Abenteuerreise sein, aber dann wäre eine Reisekrankenversicherung noch viel wichtiger.

Reisekranken-Versicherung:

Nahezu jeder Deutsche ist krankenversichert. Entweder in der gesetzlichen Krankenkasse oder freiwillig in der privaten Krankenversicherung. Im Ausland ist der Kassenpatient oft benachteiligt und nur beschränkt gegen Krankheitskosten geschützt. Privatversicherte haben je nach den vereinbarten Bedingungen der Versicherung im allgemeinen unbeschränkten Schutz und brauchen kaum eine Zusatzabdeckung. Damit die Krankenkasse ihre Mitglieder bei Reisen ins Ausland vor Überraschungen schützt, besteht mit vielen Staaten in Europa ein Sozialabkommen. Der von der

Kasse vor dem Urlaub auf Wunsch ausgestellte "Internationale Krankenschein" soll Behandlungen ohne Kosten sicherstellen. Sonst ist Barzahlung erwünscht. Allerdings funktioniert das Abkommen nur in Spanien, Schweden, England, Irland und in der DDR problemlos. Für alle anderen Länder, in denen gleich kassiert wird, empfiehlt sich diese Zusatzversicherung.

Mit der Reisekrankenversicherung ist man **ohne Kostenrisiko Privatpatient.** Das gilt für akute, unvorhergesehene Erkrankungen, für die eine medizinisch notwendige Heilbehandlung notwendig ist. Meist wird danach gleich das Privathonorar fällig, das zunächst aus eigener Tasche bezahlt werden muß. Nach der Rückkehr ersetzt die Versicherung die Rechnungsdifferenz zu den Kassengebührensätzen. Manchmal werden die Behandlungskosten überzogen, was erheblich zu Buche schlagen kann.

Der Schutz gilt meist weltweit. Auch sind die Kosten für einen eventuell notwendigen Rücktransport per Flugzeug mitbeinhaltet. Kassenmitglieder bekommen hierfür kein Geld erstattet. Selbst Privatversicherten wird der Rücktransport selten gewährt; Aufschluß geben die recht unterschiedlichen Bedingungen (siehe Private Krankenversicherung). Manche Reiseversicherer decken nicht alle Kosten ab und haben Höchstgrenzen, beispielsweise das Doppelte eines First-class-Fluges.

Versichert sind Arzt-, Medikamonten-, Kranken- und Operationskosten, sowie die Überführung im Todesfall. Zähne dürfen nur schmerzstillend behandelt werden, z.B. mit Füllungen. Für Kronen und Zahnersatz gibt es keine Zusatzdeckung. Ausgenommen sind auch alte Erkrankungen, die vor Reiseantritt bestanden haben.

Damit es bei der Abrechnung keine Probleme gibt, sollte die namentliche Rechnung Diagnosen, Behandlungsdaten und Einzelleistungen enthalten. Bei Zahlungsschwierigkeiten am Urlaubsort übernehmen zunächst Botschaften und Konsulate die Kosten. Auch über Telex können Kostenzusagen vom Krankenversicherer angefordert werden. Ansonsten erhält man sein verauslagtes Geld zu Hause zum jeweiligen Tagesumrechnungskurs in Mark. Die Leistungen der Reiseversicherer unterscheiden sich nicht so erheblich wie die Preise. Im Angebot sind Tages-, Jahres- und Langzeit-Policen. Altersobergrenze bis 69 Jahre, manche ohne Altersbegrenzung. Die Reisedauer darf in der Regel 6 Wochen sein.

Am praktikabelsten und kostengünstigsten ist ein Jahresabschluß, um beliebig viele Auslandsreisen anzutreten. Derzeit günstigster überregionaler Anbieter mit weltweitem Schutz für 45 Tage pro Reise ist die

SDK-Krankenversicherung mit 6 Mark Jahresbeitrag.

Der **ADAC** verlangt von seinen Mitgliedern **8,50 Mark mit Europadek-**

kung, und für die ganze Familie **22 Mark.** Preisgünstig ist die Continentale, Hallesche-Nationale und Inter mit Sätzen von **10 bis 13 Mark.** Die Kosten sind bei etwa gleicher Leistung bei teuren Gesellschaften bis **24 Mark** je Person.

Für Langzeiturlauber, Überwinterer und Globetrotter kann die Jahres-Police zu knapp bemessen sein. Dafür bieten sich **Abschlüsse für 3, 6 und 12 Monate** an, in die etwas mehr investiert werden muß. Die preisgünstigsten Offerten sind:

Central	**50 / 101 / 204 Mark**
Continentale	**52 / 111 / 231 Mark**
LMV	**54 / 108 / 219 Mark**

Für eine solche Risikoabsicherung wird von den teuren Versicherern bis über das **5-fache kassiert.**

Reise-Versicherungspakete:

Es gibt auch noch die Angebote mit wohlklingendem Namen, sogenannte "Versicherungs-Pakete". Vertrieben werden unterschiedlichste Kreationen über Reisebüros und Automobilclubs und natürlich im Direktverkauf. Für einen festen Betrag sind Gepäck, Unfall, Haftpflicht und krankheitsbedingte Kosten abgesichert. Die Pauschalpreise werden bei den meisten Gesellschaften nicht einmal nach Reisedauer und Deckungssummen abgestuft. Selbst solche als Sonderangebote herausgestellte, mit Bausteinen versehene Offerten, wie Einzel- oder Familienreisen, mit Krankenschutz oder nicht, entsprechen selten dem tatsächlichen Bedarf. Sicher lohnt es sich zu prüfen, ob nicht anderweitig ein Schutz besteht (Doppelversicherung) und ob die angebotenen Deckungssummen überhaupt passen. Der bequeme Weg mittels Zahlkarte ist im Endeffekt meist teurer als die gezielte, skeptische Auswahl.

Reise-KFZ-Versicherungen:

Bei Reisen innerhalb der Bundesrepublik sind Unfallfolgen durch die Pflicht der KFZ-Haftpflicht klar geregelt. Im Ausland kann es auch bei unverschuldeten Unfällen oder Pannen ärgerliche Überraschungen geben. Neben dem Problem der Sprachverständigung, können ausländische Versicherungssysteme mit anderen Gepflogenheiten erheblichen Kummer verursachen. So reichen oft die Deckungssummen des Schädigers nicht; und das Schadenerstattungsrecht wird unterschiedlich gehandhabt. Selbst in populären Urlaubsländern wie Italien, Spanien, Jugoslawien, Griechenland und England müssen erhebliche Abstriche bei Schadensforderungen in Kauf genommen werden. Nutzungsausfall und Mietwagenkosten werden höchst selten bezahlt.

Obwohl die internationale grüne Versicherungskarte in den wenigsten Ländern bei der Einreise gebraucht wird, leistet sie bei Unfällen gute Dienste. Die Karte gilt als Nachweis für den Versicherungsschutz im Gastland. Damit kann die einheimische Versicherung die Regulierungshilfe einleiten, natürlich im Rahmen der Bestimmungen des jeweiligen Landes. Das kostenlos ausgestellte Dokument kann im Zusammenhang mit Haftpflichtschäden bei Polizei und Behörden wegen drohender Festnahme und Fahrzeugbeschlagnahme sehr nützlich sein. Für Reisen außerhalb Europas genügt die normale Haftpflichtversicherung nicht. Der Versicherungsschutz ist - natürlich gegen Mehrpreis - auf diese Länder zu erweitern.

Um eventuellen Ärger rund um das Auto einzugrenzen, haben die Versicherer und Automobilclubs vielseitige Vorsorgeangebote. Bei der Reiseplanung sollten die wichtigsten, wie KFZ-Vollkasko, Mietwagen-Haftpflicht und der Autoschutzbrief, ferner die Verkehrsrechtschutz-Versicherung auf Kosten und Vorteile überprüft werden.

Kurzzeit-KFZ-Vollkaskoversicherung:

Der Nutzen einer solchen Zusatzabsicherung für Auslandsreisen ist überzeugend. Die einleitend genannten Schwierigkeiten werden zumindest finanziell auf ein Minimum reduziert. Egal wer bei Unfällen Schuld hat, die Vollkasko muß zahlen, abzüglich des vereinbarten Selbstbehalts. Bei schleppender Schadensbearbeitung bemüht sich aus Eigeninteresse der Kaskoversicherer. Aber Kaskoschäden dürfen im Gastland nur soweit behoben werden, bis der Wagen fahrtüchtig ist. Alle darüberhinausgehenden Instandsetzungsarbeiten sind nach Rücksprache zuhause zu beheben. Nur so kann man Kürzungen vorbeugen.

Doch ein Blick in die Kurzzeittabellen der Versicherungsbeiträge lassen im Vergleich zu den Jahres-Policen verwundern. Mehrere hundert Mark kostet das Kurzzeitrisiko. So kann ein **VW Golf** mit SB 300 für einen Monat, je nachdem wo das Fahrzeug zugelassen ist, **140 oder 560 Mark** kosten. Grund für die immensen Unterschiede liegen in den Regional- und Typenklassen. Einen Schadenfreiheitsrabatt und eine Überschußbeteiligung wie bei Jahres-Policen wird nicht eingeräumt (siehe KFZ-Versicherungen).

Sicherlich wird die Negativentscheidung für solche Angebote wegen des Preises leicht fallen. Mit der Teilkasko-Versicherung, die fast jeder Autofahrer hat, sind wenigstens Diebstahl und Beschädigung abgedeckt. Natürlich ist das Unfallrisiko im Ausland höher, aber es muß ja nicht immer das Schlimmste passieren, und mit der eingesparten Prämie und Selbstbehalt lassen sich kleine Schäden aufwiegen.

KFZ-Haftpflichtversicherung für Mietwagen:

Wegen der niedrigen gesetzlichen Haftpflicht-Deckungssummen in südlichen Ländern gibt es die sogenannte **Mallorca-Police.** Für kurzzeitige Leihwagen bieten deshalb die hiesigen Autoversicherer Schutz gegen eine Unterversicherung an. Um sich vor hohen finanziellen Unfallansprüchen zu schützen, ist die Ausgabe von **ca. 30 Mark** für einen Monat in der Regel sinnvoll. Doch haben auch die Ausländer die Lücke für sicherheitsbewußte Deutsche erkannt, und offerieren mit dem Mietwagen eine erhöhte Haftpflicht einschließlich Vollkaskoversicherung.

Ausland-Verkehrsrechtschutz-Versicherung:

Besonders bei ausgedehnten oder häufigen Auslandsreisen kann die Verkehrsrechtschutz-Absicherung ihren Sinn haben. Für Unfallbeteiligte können sich im Ausland durch andere Strafvorschriften erhebliche Schwierigkeiten ergeben. Zur Klärung der Schuldfrage und für eigene Schadenersatzansprüche ist die Einschaltung eines Rechtsanwaltes fast immer unumgänglich. Wenn es zu einem Strafverfahren kommt, sind hohe Kosten nicht zu vermeiden. Der Rechtschutz erstreckt sich auf Europa und die Anliegerstaaten des Mittelmeeres.

Maßgebend für alle Kosten ist die deutsche Gebührenordnung. Die Differenz für höhere Honorare eines ausländischen Rechtsanwalts ist also aus eigener Tasche zu ersetzen. Das gilt auch, falls der eigene Anwalt am Wohnort für den Gerichtsort einen sogenannten Korrespondenz-Anwalt einsetzt.

Bei Rechtschutz gibt es keine kurzfristigen Angebote. Der Vertrag läuft mindestens ein Jahr, und verlängert sich jährlich, wenn er nicht rechtzeitig gekündigt wird. Meist bieten teure Versicherer nur Verträge mit 5 Jahren Laufzeit an, aus denen man vorzeitig kaum aussteigen kann. **Preise und Besonderheiten siehe unter Rechtschutz-Versicherungen.**

Verkehrsservice-Versicherung:

Unter der bekannteren Bezeichnung **Autoschutzbrief** erhält der Autofahrer ein ganzes Bündel von Leistungen bei Reisepannen. Die Hilfen sind in aufwendigen Broschüren oder mittels Scheckheft ausführlich aufgelistet. Die Automobilclubs und Autoversicherer wollen damit die Folgen eines Notfalles lindern. Zusammengefaßt in Stichworten bieten beide Konkurrenten begrenzte Unterstützung bei Problemen mit dem Fahrzeug:

Pannen, Unfall, Diebstahl, Totalschaden, Pannenhilfsdienste, Ersatzteilversand, Reparaturkredit, sowie Kostenerstattung für Rücktransport, Abschlepp-, Bergungs- und Unterstellungsgebühren. Für den Fahrer und seine Insassen gibt es Kostenersatz für Ersatzfahrer, Krankenrücktransport, Übernachtung, Kinderrückführung, Mietwagen, Taxi und Krankenbesuch.

Allerdings sind in einem Schutzbrief keine Reparaturkosten enthalten, Ersatzteile und die Werkstattrechnungen müssen stets später bezahlt werden. Die ausgestellten Kreditgutscheine für Notfälle sind nach der Rückkehr fällig.

Der Autoschutzbrief wird nur auf ein Fahrzeug (auch Wohnmobile und Motorrad) abgeschlossen. Da sich mit dem Versicherer die jährliche Laufzeit automatisch verlängert, muß ein Fahrzeugwechsel sicherheitshalber kurzfristig gemeldet werden. Im Versicherungsschein muß also das Kennzeichen vermerkt sein; nur so besteht für die Pannenhilfe ein Rechtsanspruch.

Im Kampf um Marktanteile haben die Versicherer nun ihre Leistungen verbessert und sich dem Angebot der zwei selbständig arbeitenden Autoclubs (ADAC und DTC) fast angeschlossen. Alle anderen Clubs sind mit den Versicherern im HUK-Verband liiert, somit sind die offiziellen Leistungen mit diesen identisch. Leistungsvorteile von ADAC und DTC sind erwähnenswert: beim Krankenrücktransport wird nicht nach Vorerkrankungen gefragt, beim Rücktransport gibt es keine Erstattungsgrenzen, geringe Kostenübernahme bei Rechtsberatung im Ausland, Fahrzeugrückholung auch im Inland, kostenloser Arzneimittelversand.

Noch wichtiger als geringe Leistungsunterschiede ist die tatsächliche Hilfe. Das fängt damit an, daß im Ernstfall der zugesicherte Service geboten wird. So sollte man auch nach Feierabend prompte Hilfe erhalten. Oft nützt es nichts, wenn ein Anrufbeantworter die Wünsche entgegennimmt und ein Rückruf nur zu Bürozeiten erfolgt.

Bei den preisgünstigen, überregionalen Versicherern mit einem Telefonservice rund um die Uhr sind die Jahresbeiträge für jedermann:

Haftpflichtverband	**50 Mark**
Itzehoer Versicherung	**52 Mark**
HUK-Coburg Allgemeine	**55 Mark**

Die Automobilclubs sind etwas teurer. Der **DTC** verlangt für seinen Schutzbrief **59 Mark** bei Nichtmitgliedschaft, die Mitglieder zahlen **49 Mark plus 39 Mark** Jahresbeitrag. Beim **ADAC** kostet das Hilfe-Scheckheft **59 Mark** für Clubmitglieder **plus 62 Mark** Jahresgebühr für die weiteren Clubleistungen. Alle anderen Clubs arbeiten mit Versicherern als Vertragspartner zusammen, mit Preisen bis zu **114 Mark** einschließlich Clubmitgliedsbeitrag.

Bei einigen Regionalversicherern und für Angehörige des öffentlichen Dienstes beginnt der Tarifbeitrag mit **50 Mark.** Ansonsten ist das Preisniveau der Versicherungen bei **65 Mark** angesiedelt, wobei im Detail verschiedene Leistungen etwas schlechter sind.

Die kommerzielle Pannenhilfe ist ein 5-Milliarden-Geschäft mit steigender Tendenz. Die Versicherer, die erst seit 1978 mitbieten, haben es schwer, gegen den Bekanntheitsgrad der gut organisierten Automobilclubs mit ihren Verbindungen anzukämpfen.

Der Schutzbrief bietet ein Jahr lang Beistand in ganz Europa und den angrenzenden Mittelmeerländern. Es gibt auch Angebote - getrennt für In- und Ausland; doch die Preisdifferenz ist nicht wesentlich gegenüber dem Doppelsparpaket. Da der Service sowohl für Urlaubs- und Privatfahrten gewährt wird, ist der Schutzbrief besonders für Vielfahrer interessant. Ebenso kann sich der Nothelfer im Handschuhfach bei häufigen Auslandsreisen bezahlt machen. Für Alleinfahrer sollte das Schutzangebot, wegen der Rückholung von außerhalb, fast ein Muß sein.

KFZ-Unfallversicherung:

Besonders für Auslandsreisen empfehlen die Versicherer den Risikoschutz der **Autoinsassen** gegen Unfälle. Das häufigste Argument ist, daß die Haftpflicht eines Unfallgegners für Personenschäden meist weniger bezahlt. Auch die lieben Mitfahrer wären immer geschützt, völlig unabhängig von der Schuldfrage. Neben hohen Leistungen bei Invalidität und Tod werden noch Tagegeld, Krankenhaustagegeld und Heilkostenhilfen angepriesen.

Die eigene KFZ-Haftpflicht deckt seit 1977 selbst Ansprüche von Angehörigen. Nur wenn ein "unabwendbares Ereignis" - beispielsweise ein Tier verursacht den Unfall - eintritt, entsteht eine Deckungslücke. Für diesen Minimalschutz werden Preise offeriert, die in der Nähe günstiger privater Unfallversicherungen liegen, die alle Unfälle rund um die Uhr einschließen. Andererseits läßt diese Sparte die Kassen klingeln wie nirgendwo sonst. Fast 75% der Beitragseinnahmen verbleiben bei den Versicherern, der Rest muß für Schäden bezahlt werden (siehe auch KFZ- Haftpflicht- und Unfall-Versicherungen).

Adressenverzeichnis

Bundesministerium der Finanzen, Graurheindorfer Str. 108, 5300 Bonn

Bundesaufsichtsamt für das Versicherungswesen, Ludwigkirchplatz 3-4, 1000 Berlin 15

Bund der Versicherten e.V., Postf. 760204, 2000 Hamburg 76

Bundesverband Deutscher Versicherungskaufleute e.V., Kekulestr. 12, 5300 Bonn 1

Verbraucherzentralen: Verbraucher-Beratungsstellen in allen größeren Städten, z.T. Versicherungsberatung

Arbeitsgemeinschaft der Verbraucher e.V., Heilsbachstr. 20, 5300 Bonn

Bundesverband Deutscher Rechtsbeistände, Reichenbachstr. 10, 8000 München 5

Gesamtverband der Deutschen Versicherungswirtschaft, Ebertplatz 1, 5000 Köln 1

Verband der Lebensversicherungsunternehmen, Eduard-Pflüger-Str. 55, 5300 Bonn

Verband der Haftpflicht-,Unfall-, Auto- und Rechtschutz-Versicherer (HUK-Verband), Glockengießerwall 1, 2000 Hamburg 1

Verband der privaten Krankenversicherung, Bayenthalgürtel 26, 5000 Köln 51

Verband der Sachversicherer, Riehler Str. 36, 5000 Köln 1

Verband der Versicherungsvereine aG e.V., Von-der-Goltz-Allee 93 2300 Kiel

Verband Verbraucherorientierter Vermittler e.V., Groß-Flottbecker-Str. 7 2000 Hamburg 52

Verein Deutscher Versicherungsmakler, Katharinenstr. 10, 2000 Hamburg

Anschriften von Versicherungsunternehmen:

* **VVaG** = Versicherungsvereine auf Gegenseitigkeit

Aachener und Münchener, Postf. 10, 5100 Aachen

ADAC-Rechtschutzvers. AG Postf. 700147, 8000 München 70

* Adler, Leibnizstr. 3-4, 1000 Berlin 12

AFIA Insurance Co., Erlenstr. 2-6, 6000 Frankfurt 1

Agrippina, Postf. 510549, 5000 Köln 51

Albingia, Postf. 100222, 2000 Hamburg 1

Allgem. Feuer- und Unfall-Vers.-Ges., Postf. 290171, 5000 Köln 1

Allgem. Private Krankenkasse Frankfurter Str. 50, 6200 Wiesbaden

Allgem. Rentenanstalt, Postf.100, 7000 Stuttgart 1

Allianz, Postf. 440124, 8000 München 44

Allianz Leben, Postf. 534, 7000 Stuttgart 1

Allrecht, Heinrichstr. 155, 4000 Düsseldorf 1

* Alte Leipziger, Postf. 1660, 6370 Oberursel/Taunus

* Amboss, Untere Gartenstr.8a, 8458 Sulzbach-Rosenberg

Amisia, Innere Kanalstr. 69, 5000 Köln 30

Ancora, Mönckedamm 15, 2000 Hamburg 11

Anker Allgem. Vers., Postf. 100645, 6000 Frankfurt 1

Ansvar Versicherungsges., Palmaille 30, 2000 Hamburg 50

APK Krankenvers.f.d.öffentl. Dienst, Postf. 2109, 6200 Wiesbaden

ARAG, Postf. 300390, 4000 Düsseldorf 30

ARAG Leben, Prinzregentenstr. 9, 8000 München 80

Auto-Direkt, Postf. 1749, 6370 Oberursel 1

Auxilia, Postf. 150220, 8000 München 15

Badische Gebäudeversicherung Postf.1409, 7500 Karlsruhe

Badischer Gemeinde-Vers.-Verband, Postf. 1549, 7500 Karlsruhe 1

* Barmenia, Postf. 101720, 5600 Wuppertal 1

Basler, Postf. 1180, 6380 Bad Homburg 1

Bavaria-Krankenvers., Prinzregentenstr. 9, 8000 München 80

Bayer. Beamtenkrankenkasse Widenmayerstr. 16, 8000 München 22

* Bayer. Beamten-Vers., Postf. 200523, 8000 München 2

* Bayer.Hausbesitzer-Vers.aG. Sonnenstr. 13, 8000 München 2

Bayer. Versicherungsbank, Postf. 220152, 8000 München 22

Bayer. Versicherungskammer, Tattenbachstr. 2, 8000 München 22

Bayern-Versicherung, Postf. 900204, 8000 München 90

Beamtenvers.-Verein Bankengew., Kurfürstendamm 112, 1000 Berlin 31

Bergische Brandvers., Postf. 132020, 5600 Wuppertal

* Berliner Verein, Postf. 100348, 5000 Köln 1

Berlinische Leben, Postf. 1520, 6200 Wiesbaden 1

Bonner Lebensvers., Postf. 410208, 5000 Köln 41

* Brandkasse Dt. Lehrer, Königsallee 57, 4630 Bochum 1

Braunschweigische Vers., Postf. 1724, 3300 Braunschweig

* Bruderhilfe, Postf. 100540, 3500 Kassel 1

Central Krankenvers., Postf. 100427, 5000 Köln 1

Colonia, Postf. 805050, 5000 Köln 80

* Concordia, Karl-Wiechert-Allee 5, 3000 Hannover 61

Condor, Ost-West-Str. 61, 2000 Hamburg 11

* Continentale, Postf. 960, 4600 Dortmund

Continentale Krankenvers., Postf. 1343, 4600 Dortmund

* Continentale Leben, Beethovenstr. 6, 8000 München 15

CORAG, Postf. 402, 8630 Coburg

Cornhill Insurance, Postf. 200261, 4000 Düsseldorf 1

Cosmos, Postf. 505, 6600 Saarbrücken

D.A.S., Postf. 220165, 8000 München 22

DBV-Partner, Frankfurter Str. 50, 6200 Wiesbaden

Debeka, Postf. 460, 5400 Koblenz

DEURAG, Postf. 2127, 6200 Wiesbaden

Deutsche Allgemeine, Postf. 174100, 6000 Frankfurt 17

Deutsche Beamten-Vers., Postf.2109, 6200 Wiesbaden

Deutsche Eisenbahn-Vers., Rieler Str. 190, 5000 Köln 60

Deutsche Elementar, Kl. Burstah 6-10, 2000 Hamburg 11

Deutsche Kranken-Vers. Postf. 100588, 5000 Köln 1

Deutsche Vers.-Ges.in Bremen, Postf.106247, 2800 Bremen 1

Deutscher Herold, Postf.1448, 5300 Bonn 1

Deutscher Lloyd, Postf. 200623, 8000 München 2

Deutscher Ring, Postf.112040, 2000 Hamburg 11

DEVK Vers.-Gruppe, Rielerstr. 190, 5000 Köln 60

Dialog Vers.AG, Postf.301170, 2000 Hamburg 36

Dialog Leben, Postf. 101560, 8900 Augsburg 1

Equity & Law, Postf. 2360, 6200 Wiesbaden

Erste Allgemeine, Postf. 200805, 8000 München 2

Erste Augsburger Leben, Postf.101560, 8900 Augsburg

Europa, Postf. 100750, 5000 Köln 41

Europäische Reisevers., Vogelweidestr. 5, 8000 München 80

Ev. Familienfürsorge, Postf. 371, 4930 Detmold

* Fahrlehrervers., Postf. 211, 7000 Stuttgart 1

Federal Insurance Co., Münsterstr. 261, 4000 Düsseldorf 30

Feuerschadenk. d. Badischen Beamtenbank, Herrenstr. 2, 7500 Karlsruhe

Feuersozietät Berlin, Am Karlsbad 4-5, 1000 Berlin 30

Feuerversicherungsanstalt Bremen, Postf. 105869, 2800 Bremen 1

Feuerversicherungsanstalt Saarland, Postf. 295, 6600 Saarbrücken

Frankfurter, Postf. 2142, 6000 Frankfurt 1

Futura, Bachmayerstr. 2, 6200 Wiesbaden

Garanta, Postf. 210180, 8500 Nürnberg 21

Gegenseitigkeit Sachvers.-Ges. in Oldenburg, Postf.2760, 2900 Oldenburg

Generali Leben, Postf.100148, 6000 Frankfurt 1

Gemeinn. Haftpflichtvers.-anstalt Gartenbau BG, Goethestr. 27, 3500 Kassel

Gemeinn. Haftpflichtvers.-anstalt Land-u.Forstw. BG, Postf.110729,6100 Darmstadt

General Accident Fire & Life Assurance, Mainzer Landstr.47, 6000 Frankfurt 1

Gerling-Konzern, Postf. 100808, 5000 Köln 1

* Gisela Vers., Prinzregentenstr. 9, 8000 München 80

* Glas- u. Haftpflichtvers. d. Bäckerhandwerks, Oberkasseler Str. 78a, 5330 Königswinter 1

Gothaer Allgemeine,Postf.605, 3400 Göttingen

* Gothaer Vers.-Bank, Postf. 108026, 5000 Köln 1

* Grundeigentümer Vers., Paulstr.10, 2000 Hamburg 1

* Haftpflicht-Unterstützungs-Kasse kraftf. Beamter, Postf. 402, 8630 Coburg

* Haftpflichtverband der Deutschen Industrie (HDI), Postf. 510369, 3000 Hannover 51

* Haftpflichtvers.d.Dt.Hotel-u.Gaststättengewerbes, Donnersbergring 42, 6100 Darmstadt

Haftpflichtvers.d. Braunschweiger landw. BG, Bruchtorwall 13, 3300 Braunschweig

Hallesche Nationale Krankenvers., Postf. 166, 7000 Stuttgart 1

Hamburg-Mannheimer, Überseering 45, 2000 Hamburg 60

Hamburger Feuerkasse, Kurze Mühren 20, 2000 Hamburg 1

Hamburger Lebensvers., Erdkampsw. 4, 2000 Hamburg 63

Hamburger Mobiliarfeuerkasse, Raboisen 6, 2000 Hamburg 1

Hamburger Phönix, Postf. 111447, 2000 Hamburg 11

Hannover Allgemeine, Postf. 510364, 3000 Hannover 51

Hannover Rechtschutz, Postf. 510230, 3000 Hannover 51

* Hannoversche Lebensvers., Postf.2529, 3000 Hannover 1

Hanse-Merkur, Postf. 302450, 2000 Hamburg 36

Helvetia, Postf. 3127, 6000 Frankfurt 1

Hessen-Nass. Lebensvers.-anstalt, Postf. 3120, 6200 Wiesbaden

Hessische Brandvers.anstalt, Postf. 101720, 3500 Kassel

Hessische Brandvers.kammer, Postf. 110569, 6100 Darmstadt

HUK-Coburg Allgemeine, Postf. 402, 8630 Coburg

* Ideal Lebensvers., Postf. 110120, 1000 Berlin 11

* Iduna, Postf. 302721, 2000 Hamburg 36

Insurance Co.of North America Erlenstr. 2 6000 Frankfurt 1

* Integra Krankenvers., Goethestr. 74, 8000 München 2

* Inter-Kranken-u.Lebensvers., Postf.1660, 6800 Mannheim

Interunfall, Postf. 103260, 2000 Hamburg 1

* Isselhorster Vers.verein aG, Hallerstr. 90, 4830 Gütersloh

* Itzehoer Vers.verein, Postf. 1360, 2210 Itzehoe

Karlsruher Hinterbliebenenkasse, Postf. 3229, 7500 Karlsruhe 1

Karlsruher Lebensvers.,Postf. 3649, 7500 Karlsruhe 1

Karlsruher Vers., Postf.3880, 7500 Karlsruhe 1

* Kirchliche Versorgungskasse, Postf. 330350, 1000 Berlin 33

KKB-Leben, Friedrich-Ebert-Str. 54, 4000 Düsseldorf 1

* Kölner Postversicherung, Postf. 101188, 5000 Köln 1

Kölnische Lebensvers./Sachvers., Postf. 140134, 5000 Köln 1

* Kravag, Postf. 103905, 2000 Hamburg 1

* Landeskranken- und Landeslebenshilfe, Postf. 2047, 2120 Lüneburg

* Landesschadenhilfe, Postf.47, 3032 Fallingbostel

Landschaftl. Brandkasse Hannover, Postf. 3709, 3000 Hannover

* Landvolk-Krankenkasse Oldenburg, Postf. 1129, 2848 Vechta

* Landwirtschaftlicher Versicherungsverein (LVM), Postf. 6145, 4400 Münster

Lebensversicherung von 1871 München, Postf. 370147, 8000 München 37

Lebensversicherungsanstalt Saarland, Postf. 295, 6600 Saarbrücken

Lehrerbrandkasse Niedersachsen, Großbuchholzer Kirchweg 49, 3000 Hannover 51

Lehrer-Feuervers., Bielenbergstr. 30, 2300 Kiel 14

* Liga Krankenvers.Katholischer Priester, Dr.-Theobald-Schrems-Str.3, 8400 Regensburg

Limmat Industrie Vers. AG, Eberhardstr. 61, 7000 Stuttgart 1

Lippische Landes-Brandvers.-anstalt, Postf. 75, 4930 Detmold

Magdeburger, Postf. 510509, 3000 Hannover 51

Mannheimer, Postf. 1520, 6800 Mannheim

* Mecklenburgische, Postf. 4040, 3000 Hannover 61

Minerva, Postf. 106147, 2800 Bremen 1

Münchener Lebensvers., Postf. 401266, 8000 München 40

Münchener Verein Allgemeine Vers., Postf. 200628, 8000 München 2

Nassauische Brandversicherungsanstalt, Postf.4420, 6200 Wiesbaden

National Union, Oberlindau 76-78, 6000 Frankfurt 1

National Union Leben, Hochstr. 43, 6000 Frankfurt 1

Neckura, Postf. 1780, 6370 Oberursel

Neue Lebensversicherung von 1964, Postf. 104707, 2000 Hamburg 1

Neue Rechtschutz Vers.-Ges., Postf.1651, 6800 Mannheim 1

Neuenburger Schweizerische Allgemeine Vers.-Ges., Lange Laube 10, 3000 Hannover 1

* Neuendorfer Brand Bau Gilde, 2200 Neuendorf

* Neuharlingersieler Vers. aG, Unner Up Weg 2, 2943 Neuharlingersiel

Neu Rotterdam, Innere Kanalstr. 69, 5000 Köln 30

Niedersachsen Versicherungs-AG, Paulstr. 5, 2000 Hamburg 1

Norddeutsche Hagelvers., Wilhelmstr. 25, 6300 Giessen 1

Norddeutsche Vers.-AG, Postf. 110820, 2000 Hamburg 11

Nordstern, Postf. 101368, 5000 Köln 1

NOVA, Postf. 601980, 2000 Hamburg 60

Nürnberger Versicherung, Postf. 210180, 8500 Nürnberg 21

Öffentl. Lebensversicherung Berlin, Am Karlsbad 4-5, 1000 Berlin 30

Öffentliche Lebensvers.-anstalt Oldenburg, Postf. 2705, 2900 Oldenburg

Öffentl. Lebensversicherung Braunschweig, Postf. 3305, 3300 Braunschweig

Ostangler Brandgilde, Vogelsang 10, 2341 Stoltebüll

ÖVA-Badische Sparkassen, Postf. 1680, 6800 Mannheim

ÖRAG, Postf. 300824, 4000 Düsseldorf 30

Oldenburgische Landesbrandkasse, Postf. 2749, 2900 Oldenburg

Ontos Lebensvers.AG, Dürener Str. 295, 5000 Köln 41

Ostfriesische Landschaftliche Brandkasse, Postf. 1564, 2960 Aurich

Partner-Gruppe, Postf. 96, 6050 Offenbach

Patria Vers., Postf. 140166, 5000 Köln 1

* Pax Krankenkasse kath. Priester Deutschlands, Blumenstr. 12, 5000 Köln 1

Pax Schweizerische Lebensvers.-Ges. Basel, Postf.869, 8000 München 33

* Pensionskasse des Bäckerhandwerks, Spinozastr. 7/9, 1000 Berlin 41

* Pfarrerkrankenkasse, Postf. 180363, 4000 Düsseldorf 13

Pionier, Postf. 1780, 6370 Oberursel

Plus Allgemeine, Bachemstr.4, 5000 Köln 1

Plus-Lebensvers.-AG, Am Forsthaus Gravenbruch 9, 6078 Neu Isenburg 2

* Polizeiversicherungsverein, Forststr. 3a, 4010 Hilden

Preservatrice, Sulzbachstr. 15, 6600 Saarbrücken

Provinzial Vers.anstalt der Rheinprovinz, Postf. 1145, 4000 Düsseldorf 1

Provinzial Vers.anstalt Kiel, Postf. 1143, 2300 Kiel 1

Prudentia Assurance, Rödingsmarkt 14, 2000 Hamburg 11

Prudentia Leben, Goltsteinstr. 17, 4000 Düsseldorf 1

* Quelle & Partner, Nürnberger Str. 91, 8510 Fürth

* Rechtschutz Union Vers.-AG, Postf. 202027, 8000 München 2

Rheinland Vers.-AG, Postf. 458, 4040 Neuß

R + V Versicherungsgruppe, Postf. 4840, 6200 Wiesbaden

Roland Rechtschutz Vers.-AG, Postf. 210960, 5000 Köln 21

Royal Insurance Ltd., Postf. 10, 5100 Aachen

Saarland Vers., Postf. 295, 6600 Saarbrücken

Saar-Rhein Allgem. Vers.-AG, Postf. 415, 6600 Saarbrücken 3

Saar-Union Allgem. Vers.-AG, Postf.769, 6600 Saarbrücken

SAVAG, Postf. 377, 6600 Saarbrücken 3

* SDK-Krankenversicherung, Postf. 131099, 7000 Stuttgart 1

* Schleswig-Holsteinische Brandgilde von 1691, Kieler Str. 86, 2300 Kronshagen

* Schleswig-Holsteinische Landesbrandkasse, Sophienblatt 33, 2300 Kiel 1

Schleswiger Feuervers.verein, 2266 Emmelsbüll-Horsbüll

Schweizer National, Neue Mainzer Str. 1, 6000 Frankfurt

Schweizer Union, Postf.1506, 6800 Mannheim 1

Schweizerische Lebensvers.u. Rentenanstalt, Postf.401709 8000 München 40

Securitas Bremer Allgemeine Vers.-AG, Postf. 107807, 2800 Bremen 1

Securitas-Gilde Lebensvers.-AG, Postf. 140160, 4000 Düsseldorf 1

* Signal, Postf. 237, 4600 Dortmund 1

Skandia Vers.-AG, Graf-Folke-Bernadotte-Str. 23, 6078 Neu-Isenburg 1

* Sono Krankenvers., Hans-Böckler-Str. 51, 4250 Bottrop

Sparkassen-Versicherung, Postf. 501080, 7000 Stuttgart 50

* Stuttgarter Lebensvers., Postf.1283,7000 Stuttgart 1

Telcon Vers.-AG, Postf.670447 2000 Hamburg 67

Thuringia, Postf. 830958, 8000 München 83

Transatlantische, Postf. 670240, 2000 Hamburg 67

* Uelzener Allgem. Vers.-Ges., Postf. 729, 3110 Uelzen 1

Union AG, Rathausstr. 12, 2000 Hamburg 1

Union Krankenvers., Mainzer Str. 32, 6600 Saarbrücken

Union und Rhein Vers., Postf. 380149, 8000 München 38

Unitas Vers., Postf. 101188, 5000 Köln 1

* Universa, Postf. 210209, 8500 Nürnberg 21

VdK, Charlottenstr. 82, 1000 Berlin 61

Vereinigte Versicherungsgruppe, Postf. 202522, 8000 München 2

* Vereinigte Haftpflichtvers. (VHV), Postf. 267, 3000 Hannover 1

Vereinigte Krankenvers.-AG, Leopoldstr. 24 8000 München 40

* Vereinigte Postversicherung, Postf. 2770, 7000 Stuttgart 1

Versicherungsgruppe Hannover, Postf. 280, 3000 Hannover

Victoria-Gilde Krankenvers., Postf. 140160, 4000 Düsseldorf 1

Victoria, Kurfürstendamm 24, 1000 Berlin 15

Vita Lebensvers., Postf. 174100, 6000 Frankfurt 17

VÖDAG, Leibnizstr. 3, 1000 Berlin 12

Volksfürsorge, Postf.106429, 2000 Hamburg 1

Volkswohl-Bund, Postf. 316, 4600 Dortmund

Vorsorge Lebensversicherung, Rüdesheimer Str. 42-50, 1000 Berlin 33

Westerende Feuer, Schmeelkestr. 9, 2178 Otterndorf

Westfälische Provinzial, Versicherung d. Sparkassen, Postf. 5960, 4400 Münster

WGV Schwäbische Allgem.Vers., Postf.774, 7000 Stuttgart 1

Wikinger Lloyd, Postf.370374, 1000 Berlin 37

Winterthur-Versicherung, Postf. 402020, 8000 München 40

Württembergische Feuer, Postf.60, 7000 Stuttgart 1

Württembergische Gebäudebrandvers.anstalt, Postf. 2995, 7000 Stuttgart 1

* Württembergische Gemeinde-Vers., Tübinger Str. 43, 7000 Stuttgart 1

Württembergische u. Badische Vers., Postf. 3709, 7100 Heilbronn

Wüstenrot, Postf. 1129, 7140 Ludwigsburg

WWK, Postf. 202620, 8000 München 2

Zenith Vers., Postf. 1660, 6370 Oberursel/Taunus

Zentraleuropäische Vers., Postf. 501080, 7000 Stuttgart 50

Zürich Versicherungs-Ges., Postf. 174100, 6000 Frankfurt 17

Adressen britischer Versicherer
(Risiko-Lebensversicherung):

American Life,
American International Building, 2-8, Altyre Road, GB-Croydon

Commercial Union Assurance Company,
St. Helen's 1, Undershaft, GB-London

Equitable Life Assurance Society,
4, Coleman Street, GB-London

Friends Provident Life Office, 7, Birchin Lane, GB-London

General Accident Fire & Life
Assurance Corporation, Becket House, 36/37 Old Jewry, GB-London

Gresham Life Assurance Society,
2-6, Prince of Wales Road, GB-Bournemouth

Legal & General Assurance Society,
Temple Court, 11, Queen Victoria Street, GB-London

London Life, 100, Temple Street, GB-Bristol

Permanent Insurance Company,
7/10 Chandon Street, Cavendish Square, GB-London

Phoenix Assurance Company,
Phoenix House, 4-5 King William Street, GB-London

RNPF for Nurses,
Burdett House, 15, Buckingham Street, GB-London

Scottish Equitable Life Assurance Society,
31 St. Andrew Square, Edinburgh, GB-Scotland

Sentinel Life, Sentinel Insurance House, 2 Eyre St. Hill, GB-London

Western Australian Insurance Company,
Swan Court, Mansel Road, Wimbledon, GB-London

Zurich Life Assurance Company,
Zurich House, Stanhope Road, GB-Portsmouth, Hampshire

Adressen der Automobilclubs:

ACE, Postf. 500206, 7000 Stuttgart 50
ACV, Theodor-Heuss-Ring 44, 5000 Köln 1
ADAC, Am Westpark 8, 8000 München 70
AvD, Postf. 710153, 6000 Frankfurt 71
DTC, Postf. 140, 8000 München 65
KS, Postf. 151220, 8000 München 15
KVDB, Obertiefer Str. 20, 8532 Bad Windsheim
NAVC, Leharstr. 63, 8070 Ingolstadt

Persönliche Schlußbemerkung:

Dieses Buch soll ein neutraler Führer durch den Versicherungsdschungel sein. Daß ich zu diesem Thema etwas zu Papier brachte, hat seine Vorgeschichte: Der erste Anstoß, mich mit den Versicherungen zu befassen, waren mehrere Berichte, die im Sommer 1985 im SPIEGEL erschienen. Die inzwischen (fast) vergessenen Enthüllungen des Magazins – von der Öffentlichkeit kaum registriert – zeigten auf, daß jahrzehntelang mit direkten "Spenden" auf die Gesetzgebung Einfluß genommen wurde. Als Konsequenz, auf weitere aufgedeckte Praktiken des Gewerbes, reagierte ich mit der Bereinigung des eigenen Versicherungssortimentes. Die dabei gemachten Erfahrungen, angereichert mit neuen Erkenntnissen, reizten mich, das Wissen aus der Sicht eines Ver(un)sicherten weiterzugeben.
Im Grunde genommen könnte es mir als "gebranntes Kind" egal sein, wie die Versicherer weiter ihr Geschäft mit der Sicherheit betreiben. Die früheren Fehlinvestitionen sind so gut wie verschmerzt, und seither wird kaum noch ungerechtfertigt an meinem verbliebenen Minibestand verdient. Wenn ich jedoch früher das Geld anstelle von Policen in Versicherungsaktien angelegt hätte, dann wäre - objektiv betrachtet - kein persönlicher Grund vorhanden gewesen, ein solches Buch zu schreiben. Denn als Aktionär profitiert man weiterhin zu Lasten der "Gefahrengemeinschaft" mit ausgezeichneten Gewinnzuwächsen.

Ganz bewußt wurde darauf verzichtet, die Spitzengruppe in Sachen Preise namentlich aufzuführen: Erstens wäre dies zu aufwendig und wenig sinnvoll, alle - auch Exoten ohne Marktbedeutung - zu nennen. Zweitens können hochpreisige Gesellschaften kurzfristig ihre Tarife ändern. Drittens genügt es, sich bei Bedarf auf die preiswürdigen Versicherer zu konzentrieren, die erfahrungsgemäß ihre Position längerfristig beibehalten. Grundsätzlich gilt die Regel: Wer zuhause ohne Übersicht einen Abschluß tätigt, der bezahlt automatisch den "werten" Besucher häufig über Gebühr.

Diesen Ratgeber kann man kurz durchblättern und weglegen; oder die angegebenen Tarife vergleichen, und sich darüber wundern. Doch man kann als "Normalver(un)sicherter" den Leitfaden dazu benutzen, möglichst viel umzusetzen und Taten folgen zu lassen. Die Mühe ist überaus lohnend !

Positiv wäre natürlich, wenn Sie die aufgezeigten Sparmöglichkeiten so ausschöpfen, daß Sie diesen Ratgeber aus Überzeugung zum Kauf weiterempfehlen.